AF126543

Migration * Minderheiten * Kulturen
herausgegeben von Guido Schmitt

Band 3

Lebenswelten türkischer Migrantinnen der dritten Einwanderergeneration

Eine qualitative Studie
am Beispiel von Bildungsaufsteigerinnen

Yeliz Gölbol

Centaurus Verlag & Media UG 2007

Die Autorin, *Yeliz Gölbol,* geb. 1979 in Ahaus, Diplom-Pädagogin, absolvierte ein Studium der Erziehungswissenschaften an der Pädagogischen Hochschule Freiburg (Breisgau). Sie ist ehrenamtliche Mitarbeiterin in einer Beratungsstelle für Migrantinnen in Berlin und bereitet derzeit ihre Promotion vor.

Die Deutsche Bibliothek – CIP-Einheitsaufnahme

Gölbol, Yeliz:
Lebenswelten türkischer Migrantinnen der dritten
Einwanderergeneration : Eine qualitative Studie
am Beispiel von Bildungsaufsteigerinnen / Yeliz Gölbol. -
Herbolzheim : Centaurus-Verl., 2007
    (Migration*Minderheiten*Kulturen ; Bd. 3)

ISBN 978-3-8255-0661-2   ISBN 978-3-86226-430-8 (eBook)
DOI 10.1007/978-3-86226-430-8

ISSN 1434-8896

Alle Rechte, insbesondere das Recht der Vervielfältigung und Verbreitung sowie der Übersetzung, vorbehalten. Kein Teil des Werkes darf in irgendeiner Form (durch Fotokopie, Mikrofilm oder ein anderes Verfahren) ohne schriftliche Genehmigung des Verlages reproduziert oder unter Verwendung elektronischer Systeme verarbeitet, vervielfältigt oder verbreitet werden.

© *CENTAURUS-Verlags GmbH & Co. KG Herbolzheim 2007*

Umschlaggestaltung: Antje Walter, Titisee-Neustadt
Umschlagabbildung: Türkischstämmige Apothekerin in München, 2006.
                    © SV Bilderdienst: R. Haas.
Satz: Vorlage der Autorin

Inhalt

Danksagung

Mein Dank gilt vor allem den jungen Frauen, die im Mittelpunkt der Untersuchung stehen und ohne deren Bereitschaft und Interesse diese Arbeit nicht entstanden wäre.

Ganz besonders habe ich meinen Dozenten Herrn Dr. Guido Schmitt und Frau Dr. Hildegard Wenzler-Cremer für ihre Ermutigung, ihre vielfältige und wertvolle Hilfe und Anregung und ebenso für die Gespräche, die auch über das Fachliche hinausgingen zu danken.

Dem Centaurus-Verlag danke ich für den Druckkostenzuschuss für diese Publikation.

Schließlich danke ich meinen Eltern von ganzem Herzen für ihre allseitige und immerwährende Unterstützung in jeder Lebenslage. Ihnen ist diese Arbeit gewidmet.

Leben

wie ein Baum

einzeln und frei

und brüderlich

wie ein Wald

das ist unsere Sehnsucht

(Nâzım Hikmet)

Einleitung

Die Diskussion um die Situation von Migrantinnen türkischer Herkunft in der BRD rückt seit Jahren immer wieder ins Zentrum des öffentlichen Interesses. Sowohl die wissenschaftliche Beschreibung, als auch das in der medialen Öffentlichkeit vorherrschende Bild folgt zu einem großen Teil allerdings dem Schema der Stereotypisierung: die türkische Frau als unterdrücktes und hilfloses Opfer einer patriarchalischen Herkunftskultur, deren Familienleben in höchstem Maße als problembeladen und konfliktreich wahrgenommen wird. In dieser generalisierenden und undifferenzierten Sicht- und Denkweise nehmen Kulturkonflikte und Identitätskrisen demnach großen Raum ein, deren Bewältigung und Verarbeitung den Frauen nicht zugetraut wird. Zudem ist das Bild von Migrantinnen durch die Fixierung auf Modernisierungsdifferenzen und Bildungsdefizite verzerrt. Eine Auseinandersetzung mit aktiv gestalteten Lebensentwürfen und der Handlungs-, Kommunikations- und Reflexionsfähigkeit vieler Migrantinnen in verschiedenen Kontexten findet nicht beziehungsweise nicht genügend statt.

Im Hinblick auf die Konstatierung multipler Konflikte und die Positionierung speziell von Mädchen und Frauen in der Opferrolle sollen in dieser Arbeit die Lebensentwürfe von vier jungen Frauen in den Vordergrund gestellt und ein besonderes Augenmerk auf ihre Bildungsbiographien gelegt werden. Dies geschieht vor dem Hintergrund, dass gerade den Frauen türkischer Herkunft elterliche Bildungsaspirationen abgesprochen werden und denen somit eine besondere Beachtung geschenkt werden muss.

Die Arbeit leistet somit zweierlei. Einerseits einen kritischen Überblick über die Entwicklung und aktuelle Positionen des theoretischen (wissenschaftlichen) und öffentlichen Diskurses über Migrantinnen. Und andererseits eine – wenn auch nur kleine – empirische Studie zur Selbsteinschätzung der eigenen Lebenswelt türkischer Migrantinnen der dritten Generation.

Die inhaltliche Idee der Arbeit entstand aus meiner persönlichen Geschichte heraus und der intensiven Beschäftigung mit der Thematik von Frauen und Mädchen türkischer Herkunft. Die Tatsache, dass auch ich der sogenannten dritten Generation angehöre, hat meinen Entschluss, Frauen der dritten Generation aus dem studentischen Milieu zu Aspekten ihrer Lebenswelt zu befragen, bestärkt.

Ziel dieser Arbeit ist es nicht, teilweise vorhandene patriarchalische Erziehungs- und Normvorstellungen oder Konflikte zu negieren, sondern mithilfe der Interviews eigenständige, in Auseinandersetzung mit sich und ihrer Umwelt entstandene Lebensentwürfe und erfolgreiche Handlungsmuster der Frauen vorzustellen. Trotz unterschiedlicher Schwierigkeiten, die aus ebenso unterschiedlichen Ursachen resultieren, erreichen die jungen Frauen ihre individuellen Ziele und Wünsche unter Verwendung vielfältiger, individueller Strategien und durch Nutzung ihrer zahlreich vorhandenen Ressourcen, die gerade aus ihrer Situation als Angehörige einer Minderheit erwachsen. Es soll darauf aufmerksam gemacht werden, dass die Frauen eine heterogene Gruppe darstellen, die a) nicht alle unter autoritären und rigiden Erziehungsvorstellungen der Eltern leiden und b) wenn sie dennoch einem strengen Elternhaus entstammen, ihre individuellen Handlungs- und Anpassungsfähigkeiten bezüglich familiärer oder/und außerfamiliärer Schwierigkeiten im Lebensalltag unter Beweis stellen.

Im ersten Teil dieser Arbeit sollen zunächst die im Titel verwendeten Begriffe der Lebenswelt und der dritten Generation geklärt und kurz definiert werden, um im weiteren Verlauf mit diesen arbeiten zu können.

Der zweite Teil dieser Untersuchung möchte zunächst einen kurzen Überblick über die Geschichte beziehungsweise die Entwicklung der Migrationsforschung geben, wobei im Anschluss daran ein Teil aktuellerer Themenbereiche der heutigen Migrationsforschung folgen wird.
Das Bild der türkischen Migrantin/Frau in der BRD, welches im wissenschaftlichen – wie im öffentlichen Diskurs größtenteils auch- ein zum Teil übereinstimmendes

Interesse einnimmt, soll im dritten Teil der Arbeit ausführlich behandelt und gleichzeitig kritisch betrachtet werden. Hierbei wird der feministische Ethnozentrismus vergangener Jahre kurz erläutert und darauf aufmerksam gemacht, dass eine „Orientalisierung" der Migrantin auch heute noch vorherrscht.

Im Hinblick auf die Dramatisierung der Situation von Frauen und Mädchen türkischer Herkunft im Sinne des dreifachen Konflikts (Generationen-, Kultur- und Identitätskonflikt) wird im zweiten Teil dieses Kapitels die Möglichkeit und Notwendigkeit eines Perspektivenwechsels in der Öffentlichkeit und Forschung näher erläutert, um bisher nicht oder nur wenig wahrgenommene Ressourcen von Mädchen und Frauen aus Migrationsfamilien in den Vordergrund zu stellen.

Im vierten Teil wird die verwendete Forschungsmethode, das qualitative, leitfadengestützte Interview vorgestellt und theoretisch eingeordnet. Weiterhin wird die Durchführung und Auswertung der eigenen Untersuchung dargelegt.

Im fünften Teil der Arbeit wird anhand der Auswertung der Interviews und einer abschließenden Analyse versucht, tiefere Einblicke unter Verwendung der im Theorieteil diskutierten Konzepte und Begriffe in die Lebenswelten der befragten Frauen zu gewinnen.

Welche in ihrem Leben eingetretenen Bedingungen erweisen sich hierbei als bedeutsam, welche Handlungsstrategien generieren sie im Hinblick auf unterschiedliche Schwierigkeiten und welche Lebensentwürfe haben die Frauen dabei entwickelt ? Verharren diese Frauen tatsächlich in Passivität und sind Opfer unterschiedlicher Reglementierungen oder werden sie aktiv, um ihre Ziele zu erreichen und Wünsche zu erfüllen ?

Der letzte Teil dieser Arbeit diskutiert die Ergebnisse dieser Untersuchung mit Blick auf den im ersten Teil besprochenen theoretischen Hintergrund.

1. „Lebenswelt"

1.1 Definition des Begriffs der „Lebenswelt"

Um den theoretischen Bezugsrahmen individueller Erfahrungen von Interviewten im sozial-historischen Kontext zu erforschen und einen adäquaten Zugang zum Material durch eine genaue Untersuchung dieser Erfahrungen aus der Binnenperspektive der Akteure selbst zu ermöglichen, wird in dieser Arbeit mit dem Begriff der Lebenswelt operiert.

Novi erläutert, dass der Begriff nicht präzise definiert werden kann, da er in zahlreichen geisteswissenschaftlichen Disziplinen verschiedentlich verwendet wird (vgl. Novi in: Motte/ Ohliger/ Oswald 1999: 248 ff.). Aufgrund des breiten Anwendungsbereichs könne demnach von keinem homogenen Lebensweltbegriff ausgegangen werden. In biographischen Studien wird der Begriff so verwendet, dass damit die Welt der realen Lebenserfahrung, Lebensbedingung und Lebensweise einer Person verstanden wird. Zahlreichen Studien, die aus unterschiedlichen Bereichen stammen, liegt jedoch ein gemeinsamer Anspruch zugrunde, nämlich die Rekonstruktion und Beschreibung einer Welt, in der der Mensch lebt und handelt. Diese Lebenswelt ist nach Meinung von Hitzler/ Honer immer widersprüchlich, da Menschen in zahlreichen Beziehungen, Einstellungen und Orientierungen zueinander stehen und aufgrund dieser Pluralisierung der Lebenswelten mit vielen unterschiedlichen und gleichzeitig konträren Sinnschemata und Deutungsmustern umgehen müssen (vgl. Hitzler/ Honer in: Flick 1991: 381ff.).

Rosen beschreibt den Begriff der Lebenswelt als eine „Alltagswelt [...] die als prägende, ja universale Ebene allen individuellen und sozialen Handelns gilt". (Rosen 1997: 53)

Um demnach zu versuchen, die Menschen und ihr Handeln zu verstehen, um so soziale Phänomene erkennen zu können, ist es unabdingbar, sich ihre Lebenswelt aus ihrer Perspektive erzählen zu lassen. Es soll versucht werden, den alltäglichen Erfahrungen der Menschen näher zu kommen, dies jedoch im Hinblick auf subjektive Kontexte, Erfahrungen und Wahrnehmungen, die nicht objektiviert werden können, weil es „[...] ganz einfach die Welt [ist], wie [der Mensch] sie typischerweise erfährt". (Hitzler/ Honer 1991: 382) Das Erfassen und Deuten der Aussagen, die ja aus der Welt der Betroffenen stammen, muss in einem offenen und von den Interviewten selbst bestimmten Prozess verlaufen. Dies erfordert qualitative Forschungsmethoden, da hierdurch eine tiefergehende Rekonstruktion des Lebens, der Sinngebung und Motive der Befragten ermöglicht wird.

Mit der Definition von Lebenswelt als Alltagswelt, die an den Vorstellungen, Hoffnungen, Gestaltungsweisen, Zielen und Handlungen des Akteurs orientiert ist, soll im weiteren Verlauf dieser Untersuchung gearbeitet werden.

1.2 Definition des Begriffs der Migranten-Generationen

Die Migranten-Generationen werden nach Stiksrud (vgl. Stiksrud 1994: 137) wie folgt definiert:

- Die erste Generation von Migranten sind diejenigen Personen, die im Heimatland aufgewachsen sind und in der Migration somit als Angehörige einer anderen Kultur gelten. Im Zusammenhang dieser Arbeit ist damit also die ehemalige „Gastarbeiter-Generation" gemeint, die ab den 50er Jahren nach Deutschland angeworben wurde.
- Die zweite Generation sind demnach die Kinder der ersten Generation, worunter hier die im Herkunftsland als auch die im Immigrationsland geborenen und mit eingewanderten beziehungsweise nachgezogenen Kinder fallen.
- Die dritte Generation sind die Kinder der zweiten Generation, die – zumindest zum größten Teil – im Immigrationsland geboren sind.

Der Einwanderungsprozess in die BRD – wenn auch bis zum heutigen Tage im politischen Diskurs noch immer nicht von der Bundesrepublik als Einwanderungsland gesprochen wird – ist nicht mehr umkehrbar und die Kinder der zweiten Generation sind größtenteils hier geboren, besuchen/besuchten deutsche Kindergärten, durchlaufen/durchliefen ihre schulische und berufliche Laufbahn hier, streben teilweise eine universitäre Bildung an, ja sind inzwischen auch in dem Alter, einen Platz im Berufs- und Familienleben gefunden zu haben.

Rechtlich gesehen sind jedoch die Kindeskinder von Einwanderern noch heute nicht zu Deutschen geworden. Bis heute können sie dadurch die staatsbürgerlichen Rechte inklusive des Wahlrechts nicht wahrnehmen, was aber keinesfalls den Rückkehrschluss, deshalb in die hiesige Gesellschaft nicht integriert zu sein, erlaubt. Auernheimer fordert in diesem Zusammenhang gleiche Zugangschancen und eine allgemeine politische Partizipationsmöglichkeit für *alle* Bürger der Bundesrepublik Deutschland, weil zivilgesellschaftliche Dialoge der Beteiligung *aller* Mitglieder der Gesellschaft bedürfen. Die Kinder der Einwanderer mit entsprechendem Aufenthaltsstatus können zwar durch Geburt die deutsche Staatsbürgerschaft erwerben und damit als Staatsbürger ihre Rechte geltend machen, jedoch ist die Wahrnehmung dieser Chance von der sozialen Integration, also von sozialen und materiellen Ressourcen als auch dem Bildungsstand abhängig (vgl. Auernheimer 2002: 56).

Betrachtet man nun die dritte Generation, so stellt sich die Problematik der Begrifflichkeiten sehr bald heraus, weil die dritte Generation aufgrund ihrer Geburt in der BRD nicht als Ausländer, aber auch nicht als Einwanderer bezeichnet werden kann, da sie selbst über keine eigene Wanderungs- und Migrationsgeschichte verfügt. Da im speziellen Fall dieser Arbeit zwei der vier befragten Frauen über eine Wanderungsgeschichte verfügen, wird die Formulierung „Frauen/Mädchen mit Migrationshintergrund" als auch die Formulierung „Migrantinnen" gebraucht, da der inhaltliche Zusammenhang bezüglich der Spezifizierung dieser Gruppe deutlich sein sollte.

Behrendt weist darauf hin, dass es – gerade in der qualitativen Forschung – darauf ankomme, welche spezifischen Erfahrungen von Migration die *einzelnen Personen* gemacht haben, d.h. dass die Begriffe der ersten, zweiten und dritten Generation nur im Hinblick auf konkrete Familien geeignet sind (vgl. Behrendt in: Fächler/ Kößler/ Liebertz-Groß 2000: 61). Dies ist im Hinblick darauf zu sehen, dass sich bei der ersten, zweiten und dritten als auch innerhalb dieser Generationen unterschiedliche berufliche und schulische Qualifikationen, Einstellungen und Lebenspläne, die ihre Ursachen in vielfältigen Lebenslagen, Wert- und Normensystemen sowie Familienstrukturen haben, zeigen.

Anhand der oben angeführten Beispiele soll deutlich gemacht werden, dass die vorliegende Arbeit keinesfalls allgemeingültige Aussagen über „die dritte Generation" erbringen kann und soll. Dies geschieht mit dem Ziel, einer vereinheitlichenden Sichtweise zu entgehen, da hier lediglich exemplarische Beispiele, die in Form von Interviews im späteren Teil dieser Arbeit folgen, angeführt werden. Wenn also in dieser Untersuchung von der dritten Generation gesprochen wird, so sollte dies immer im Hinblick darauf geschehen, dass hier lediglich die Zählung mit den PionierwanderInnen als erster Generation beginnt und dass im speziellen Fall dieser Arbeit mit der dritten Generation Studentinnen türkischer Herkunft gemeint sind, die alle etwa Anfang der 80er Jahre in der BRD oder in der Türkei geboren wurden und sich zur Zeit im Studium beziehungsweise am Ende ihres Studiums befinden.

Es gilt in dieser Arbeit, individuelle Lebensgeschichten und unterschiedliche Dimensionen des individuellen Handelns exemplarisch, ohne Anspruch auf Repräsentativität anzuführen.

Im folgenden Teil wird die frühere und aktuelle Migrationsforschung kurz dargestellt, um dem Leser die gegenwärtigen wissenschaftlichen Diskurse und Diskussionen, die sich mit dem Thema Migration wie auch Kinder und Jugendliche aus Migrantenfamilien beschäftigen, darzulegen und aus dieser Diskussion heraus die nachfolgenden Kapitel dieser Arbeit einzuleiten.

2. Migrationsforschung

2.1 Geschichte der Migrationsforschung

Wie Auernheimer feststellt, sind „[...] Rückblicke immer Rekonstruktionen [...]",
wonach es unmöglich ist von einem objektiven Standpunkt auszugehen, da immer
nur ausgewählte Gesichtspunkte behandelt oder diskutiert werden (vgl. Auernheimer in: Karakaşoğlu/ Lüddecke 2004: 17).

Auch Bukow/ Heimel weisen darauf hin, dass eine vollständige Übersicht für
wissenschaftliche Diskurse nicht leistbar ist, insbesondere dann, wenn es sich um
einen internationalen und interdisziplinären Diskurs wie dem der Migrationsforschung handele (vgl. Bukow/ Heimel in: Badawia/ Hamburger/ Hummrich 2003:
14). Aus diesem Grund sollen nur bestimmte, aber für dieses Kapitel wichtige
Aspekte zur Darstellung der Migrationsforschungs-Geschichte aufgeführt werden.

2.2 Die Phaseneinteilung der Migrationsforschung

Betrachtet man den wissenschaftlichen Diskurs der Migrationsforschung, so fällt
auf, dass dieser auf gesellschaftliche Problemlagen reagiert und hierbei die im
Rahmen der Auftragsforschung mit dem Problemfeld „[...] jeweils 'gültige'
Problemdefinition [...]" übernommen hat (ebd.: 19ff.).

In den 60er und 70er Jahren konzentriert sich die Migrationsforschung auf die
Migrationsprozesse von Arbeitsmigranten. Gastarbeiter sind in diesem Sinne
Arbeitnehmer, deren Situation als Provisorium verstanden wird. Im Laufe der 70er
Jahre wird Migration als ein Phänomen von Gruppen behandelt, in dessen Mittel-
punkt die Frage nach der Integrationsmöglichkeit und -fähigkcit der Einwanderer
steht (vgl. Ricker in: Badawia et al 2003: 54). Die Gastarbeiterforschung wird im

Zuge der Familienzusammenführung und den nachgeholten Kindern zur *Ausländer*forschung.

In den 80er Jahren, in denen ethnologische und kultursoziologische Ansätze verstärkt verbreitet werden, gelangen Alltagskulturen und Gruppenidentitäten der Migranten zwar vermehrt in den Vordergrund, wobei auch kulturelle Unterschiede nicht mehr negiert oder lediglich als Integrationshemmnisse betrachtet werden, doch „kulturelle Defizite" seitens der Migranten und ein vermeintliches Modernitätsgefälle zwischen Aufnahme- und Herkunftsland werden weiterhin unterstellt. Dennoch gibt es zu dieser Zeit auch Autoren, wie z.B. Auernheimer, der massive Kritik an der Kulturkonflikthypothese übt, indem er die aus den Widersprüchen zwischen familiären Traditionen und modernen Lebensanforderungen erwachsenden Schwierigkeiten der persönlichen Sinnbildung und Orientierung nur im Zusammenhang mit vielfältigen Formen der sozialen Benachteiligung und Diskriminierung der Kinder und Jugendlichen sieht oder Bukow/ Llaryora, die die Ethnisierung als Zuschreibung bestimmter Eigenschaften zu bestimmten Bevölkerungsgruppen und damit einhergehend die Reduktion des Menschen auf diese Eigenschaften, hier speziell der türkischen Migranten, konsequent in Frage stellen.[1] Teilweise freiwillig, teilweise durch den Wohnungsmarkt gezwungen konzentrieren sich Migrantenfamilien in dieser Phase in eigenen Wohnvierteln. Im Hinblick auf die Zuschreibung einer fremden religiösen Orientierung der Türken werden die Weichen für einen Rückzug in die segregierten Stadtteile dieser Bevölkerungsgruppe gestellt. Die Position der Türken als Nicht-EU-Einwanderer verstärkt ihre Außenseiterrolle:

> *„Man attestiert nun jenen zunehmend eine fremdethnische Orientierung und damit die Unfähigkeit, demokratische Spielregeln, die Menschenrechte und die vielen anderen Tugenden der Civil-Gesellschaft einhalten zu können."* (Bukow/ Heimel in: Badawia 2003: 16)

---

[1] Vgl. Auernheimer, G.: Der sogenannte Kulturkonflikt. Frankfurt 1988 // Bukow, W.-D./ Llaryora, R.: Mitbürger aus der Fremde. Opladen 1998 // Dittrich, E.J./ Radtke, F.O. (Hg.): Der Beitrag der Wissenschaft zur Konstruktion ethnischer Minderheiten. In Dies.: Ethnizität. Opladen 1990.

Die Migrationsforschung versucht in dieser Zeit immer wieder, Bestrebungen türkischer Migranten aus ihrem *krisenhaften* und *konfliktbeladenen* Zustand heraus zu
erklären, die Jugendlichen bewältigten demnach die an sie aus zwei sich völlig
fremden Kulturen ergebenden Anforderungen nicht, das Bild von Jugendlichen,
welche unter massiven Identitätsproblemen leiden, wird hier immer wieder nach-
gezeichnet (vgl. Polat 1998: 10).

Frauen im Migrationsprozess treten in diesem Zeitraum entweder gar nicht in
Erscheinung oder werden in einer stereotypisierenden Weise als Mitmigrierende,
oft auch nur im Zusammenhang mit ihren Aufgaben in der Familie als inaktive
Ehefrau und Mutter wahrgenommen.

In den 90er Jahren werden städtische Segregation und „Ausländerkriminalität"
gerade von konservativen Politikern als beliebtes und dienliches Wahlkampfthema
mit Unterstützung der Medien benutzt und auch die seinerzeitige Migrantionsfor-
schung gerät immer wieder in den Einflussbereich derart populistischer Politik,
indem sie sich auf Konflikte zwischen Deutschen und Türken, auf kriminelles und
normwidriges Verhalten, auf autoritäre Erziehungsstile und schulischen Misserfolg
der Kinder und Jugendlichen fokussiert. Demnach werden hier „[...] Differenzen
der Lebenswelt zu politisch-gesellschaftlichen Differenzen [...]" stilisiert (Bukow/
Heimel 2003: 18).

2.2.1 Die schwierige Emanzipation der Migrationsforschung

In der Retrospektive ergeben sich drei Gründe für die Schwierigkeit der Forschung,
sich aus dem engen Zusammenhang zwischen öffentlichem Diskurs und wissenschaftlicher Ausrichtung zu entziehen.

Der erste Grund wird in der Einleitung dieses Kapitels genannt: die Forschung
entwickelt sich als Reaktion auf gesellschaftliche Problemlagen, wobei Migration
schon in ihren Anfängen als Problem im Sinne eines Integrationsproblems wahrge-

nommen wird, welches wiederum entsprechende Forschungstraditionen in die Wege leitet. Aus der Kritik an einer ethnisierenden und dichotomen Gegenüberstellung von Herkunfts- und Aufnahmegesellschaft als auch einer marginalen Positionierung von MigrantInnen bei der Untersuchung von Migrationsprozessen entstand die Forderung an einen Perspektivenwechsel. Zweitens findet eine Etablierung der qualitativen Migrationsforschung gerade zu dem Zeitpunkt statt, in dem sich der Defizitansatz definitiv durchgesetzt hat:

> *„Ein solcher Ansatz ist weitgehend resistent gegenüber Kritik, weil es sich in einem sowohl diskursiven als auch empirisch geschlossenen Argumentationszirkel bewegt. Abweichende theoretische Einsichten oder abweichende empirische Befunde haben in diesem Rahmen kaum eine Chance oder werden in Nischen abgedrängt."* (Bukow/ Heimel: 21)

Als dritten und letzten Grund nennen die Autoren die reaktive Ausrichtung der Forschung, die einen Paradigmenwechsel jenseits der Defizitorientierung unmöglich erscheinen lasse und MigrantInnen nur wenig bis gar keinen Raum biete, selbst zu Wort zu kommen.

Im Hinblick auf die Einwanderung und dem bundesdeutschen Umgang damit sind die Auswirkungen deutlich spürbar, denn „[...] die provinziellen Skandalisierungsversuche verlieren angesichts der Weltrisikogesellschaft an Überzeugungskraft". (ebd.: 18) Betrachtet man diese Tatsache aus einer positiven Perspektive, so wird deutlich, dass heute auf die Einwanderung nach langer Zeit sowohl wissenschaftlich als auch politisch re-agiert wird, indem eine kritische und differenzierende Migrationsforschung verstärkt an Bedeutung gewinnt. Unter anderem ist nun ein wichtiges Motiv anzuführen, das der Migrationsforschung eine neue Richtung gewiesen hat.

Die qualitative Forschungstradition, die mehr Distanz zum bisherigen defizitorientierten Wissenschaftsdiskurs bringen kann und deren stetiges Vorantreiben auch dadurch begünstigt wird, dass sich gesellschaftliche Erwartungen auf eine sich immer mehr globalisierende Gesellschaft verlagern, in der das Denken in nationalstaatlichen Dimensionen und die „[...] damit verbundene Ausländerisierung des anderen [...]" eher zeitwidrig erscheint (a.a.O.: 20).

Die gesellschaftliche Transformation, die sich in einem nachhaltigem Prozess des rasanten politischen, ideologischen und sozioökonomischen Wandels im Zuge der Globalisierung auf internationaler Ebene wie auch der Transnationalisierung auf nationaler Ebene zeigt, wirft zudem die Frage nach der Homogenität der ethnischen und kulturellen Zusammensetzung einer Gesellschaft auf, und speziell der Lebensführung „Anderer Deutscher" unter solch „prekärer Normalität" (Mecheril/ Teo 1994: 9ff.), die hier besonders durch qualitative Forschungsmethoden beschrieben und näher untersucht werden können, weil die soziale Welt des Betroffenen ins Zentrum des Interesses rückt (vgl. Badawia in: ders.: 2003: 7).

Durch einen Perspektivenwechsel, der eine Verschiebung von der Außenperspektive aus der Position des Aufnahmelandes auf eine Innenperspektive aus der Position der sozialen Akteure meint, kann verkürzenden und einseitigen Sichtweisen entgegen gearbeitet werden, da MigrantInnen als handelnde Subjekte wahrgenommen, „[...] ihre psychischen und sozialen Kompetenzen in der Einschätzung ihrer Migrationserfahrungen berücksichtigt und subjektive Sinnkonstitutionen als reflexive Antwort auf strukturelle und institutionelle Handlungsbedingungen analysiert werden [können]" (Ricker in: Badawia et al 2003: 55).

Zusammengefasst kann man feststellen, dass sich der wissenschaftliche Diskurs der Migrationsforschung aus einer klaren gesellschaftlichen Problemlage heraus differenziert und kennzeichnende Phasen durchgemacht hat, indem er sich an einer sowohl „[...] wissenschaftlichen wie politischen Zeitachse [...]" entwickelt hat (Bukow/ Heimel: 13).

Mecheril betont diesbezüglich, dass die bundesdeutsche Migrationsforschung aus der Interessenperspektive der politischen Mehrheit praktiziert wurde und in weiten Teilen leider immer noch wird (vgl. Mecheril 1997: 32). Demnach ist nur langsam eine nicht ganz einfache Emanzipation von zunächst stark verankerten gesellschaftspolitischen Vorgaben ersichtlich (vgl. Bukow/ Heimel: 13).

2.3 Überblick über Themenbereiche aktueller Migrationsforschung

Um einen aktuellen Überblick über die qualitative Migrationsforschung machen zu können, soll im Folgenden eine Auswahl von Studien angeführt werden. Die Auswahl, in der Themen und aktuelle Entwicklungen ab Mitte der 90er Jahre benannt werden, folgt einer sehr kurzen Darstellung, da es im Rahmen dieser Arbeit nicht möglich ist, auf jede genannte Untersuchung näher einzugehen.[2]

Die Thematik der qualitativen Migrationsforschung ist heterogen und innerhalb eines Projektes können sich mehrere Themenbereiche überschneiden.

Etwa 22% der von Bukow/Heimel untersuchten Studien befassen sich mit Kindern, Jugendlichen und ihren Familien. Hierbei werden z.B. Identitätsentwürfe und die Migrationsgeschichten von Familien, Kindern und Jugendlichen thematisiert.

Es fällt auf, dass sich lediglich 3% der Studien speziell mit Schule und Bildung befassen, was im Hinblick auf die PISA-Studien und „[...] der darin thematisierten besonderen Situation im Bildungssystem von Kindern und Jugendlichen mit Migrationshintergrund bemerkenswert ist". (ebd.: 22) Auernheimer stellt in seinem Beitrag „Schieflagen im Bildungssystem" diesbezüglich fest, dass die hohe Selektivität des deutschen Schulsystems, bedingt durch die Homogenisierungstendenzen der Schulen und eine zu frühe Schullaufbahnentscheidung bewirken, dass viele Kinder aus Migrantenfamilien dadurch besonders geringe Chancen auf eine erfolgreiche Schullaufbahn haben (vgl. Auernheimer 2003: 87). Ein weiterer Teil der Studien befasst sich mit der Integration von MigrantInnen unter sprachlich-kulturellen Aspekten und wiederum andere untersuchen den Bereich der Arbeit und Arbeitsmigration, hier speziell den Einfluss sozialer Netzwerke auf Wanderungsprozesse.[3]

---

[2] Ausführlicher zur thematischen Ausrichtung der Studien und Untersuchungen ab Mitte der 90er Jahre siehe: Bukow/ Heimel: Der Weg zur qualitativen Migrationsforschung. In: Badawia, T./ Hamburger, F./ Hummrich, M.: Wider die Ethnisierung einer Generation. Beiträge zur qualitativen Migrationsforschung. Frankfurt a.M. 2003.

[3] Auf einige der zahlreichen Studien und Ergebnisse von Nauck zu diesem speziellen Thema wird in einem späteren Teil dieser Arbeit näher eingegangen.

Es existieren zahlreiche Studien zum Thema Migration und Alter[4], weiterhin wird in einigen Studien die Traditionsbildung bei MigrantInnen analysiert.[5]

Sowohl zum Thema „Ausländer"-Kriminalität, abweichendes Verhalten als auch zum Thema „Ausländer"-Jugendliche sind in den letzten Jahren ebenso zahlreiche Beiträge erschienen.[6] In diesem unten angemerkten Beitrag von Bukow et al wird unter anderem kritisiert, dass die gesellschaftlichen Ursachen beim Thema Gewalt im Zusammenhang mit Migrantenkindern viel zu häufig *nicht* thematisiert werden.

Auch der Bereich Religion und religiöse Sozialisation von Kindern und Jugendlichen aus Migrantenfamilien wurde und wird in zahlreichen Studien und Untersuchungen analysiert. Hierbei steht gerade der Islam beziehungsweise die islamische Religion im Vordergrund der Analysen.[7]

Andere Arbeiten befassen sich mit den Themen der Identität, (bi)kulturellen Identität und Integration von Kindern und Jugendlichen aus Migrantenfamilien.[8]

Häufig wird auch Zweisprachigkeit sowie Sprachförderung bei zwei- und mehrsprachigen Kindern zum Thema vieler Untersuchungen und Arbeiten, wobei darauf aufmerksam gemacht werden soll, dass es mittlerweile viele erfolgreiche Projekte bezüglich dieses Themengebietes in der BRD gibt, die den monolingualen Habitus der Schule beziehungsweise des Bildungssystems stark kritisieren. Hier sei das Rucksackprojekt der RAA in Essen/NRW genannt, welches sich nicht nur mit den Kindern und der Förderung ihrer Mehrsprachigkeit befasst, sondern auch die Eltern in dieses Projekt miteinbezieht.[9]

---

[4] Beispielsweise: Dietzel-Papakyriakou, M.: Altern in der Migration. Die Arbeitsmigranten vor dem Dilemma: zurückkehren oder bleiben ? Stuttgart 1993.

[5] Apitzsch, U.: Migration und Traditionsbildung. Opladen 1999.

[6] Siehe hierzu: Bukow et al: Ausgegrenzt, eingesperrt und abgeschoben. Migration und Jugendkriminalität. Opladen 2003 // Tertilt, H.: Türkisch Power Boys. Ethnographie einer Jugendbande. Frankfurt 1996 // Sauter, S.: Wir sind „Frankfurter Türken". Frankfurt 2000.

[7] Vgl. hierzu: Alacıoğlu, H.: Deutsche Heimat Islam. Münster 2000 // Karakaşoğlu-Aydın, Y.: Muslimische Religiosität und Erziehungsvorstellungen. Frankfurt 2000.

[8] Zum Beispiel: Badawia, T.: Der Dritte Stuhl. Frankfurt 2002 // Polat, Ü.: Soziale und kulturelle Identität türkischer Migranten der zweiten Generation in Deutschland. Hamburg 1998.

[9] Vgl.: Schader, B.: Sprachenvielfalt als Chance. Zürich 2004. // Rucksack-Projekt: Ein Konzept zur Sprachförderung und Elternbildung im Elementarbereich.

Die Beschäftigung mit Mädchen und Frauen in der Migration beziehungsweise aus Migrantenfamilien, speziell Bildungsaufsteigerinnen, ist ebenfalls Thema zahlreicher Untersuchungen. In diesem Zusammenhang kann man festhalten, dass von einer neuen Generation von ForscherInnen besonders betont wird, den Blick auf die Mädchen und Frauen als Opfer ihrer Herkunftskultur zugunsten der Perspektive der Mädchen und Frauen als selbständig handelnde Subjekte einzunehmen.[10]

Die Heterogenität der Forschungsmethoden als auch der theoretischen Ausrichtung wird hier durch die kurze Darstellung ersichtlich. Die qualitative Forschung wird zunehmend unabdingbar, da sich wesentliche Aussagen scheinbar nur qualitativ gewinnen lassen. Bukow/ Heimel meinen hierzu:

„Nur wenn man sich um die qualitative Rekonstruktion entsprechender gesellschaftlicher Konstruktionsprozesse bemüht, die Dialektik sozialer Prozesse als Basis für die Genese von Minderheiten ernst nimmt, die Qualität von Inklusionsprozessen einerseits und Individualisierungsprozessen andererseits in Rechnung stellt, die Art und die Intensität von Partizipation erforscht, dann lässt sich die Migrationsthematik sachadäquat analysieren." (Bukow/ Heimel: 36)

Trotz der genannten Vorzüge ist ein Verzicht auf quantitative Methoden jedoch nicht wünschenswert – qualitative Methoden können häufig zur inhaltlichen Unterstützung und Vertiefung von standardisierten Interviews verwendet werden. Ein Paradigmenwechsel, der durch qualitative Forschung quasi eingeleitet wird, vermag das Alltagshandeln der Subjekte in ihren jeweils wichtigen Kontexten zu rekonstruieren, so dass man kulturalistischen Reduktionen entgegen wirken kann (vgl. Bukow/ Heimel: 38ff.). Reduktionismen können durch das konstruktivistische Paradigma wenn nicht verhindert, sodann aber erschwert werden, weil es dazu

„[...] zwingt, die Heterogenität, die Polykontextualität und damit die Vieldeutigkeit des Alltagslebens ernst zu nehmen und danach Umschau zu halten, wie die Gesellschaftsmitglieder – welcher Provenienz auch immer – ihre Situation je nachdem definieren und sich in dieser Situation, so wie es passt, platzieren". (a.a.O.: 38)

---

[10] Vgl. hierzu: Boos-Nünning, U./Karakaşoğlu, Y.: Viele Welten leben. Lebenslagen von jungen Mädchen und Frauen mit griechischem, italienischem, jugoslawischem, türkischem und Aussiedlerhintergrund. Münster 2005. // Hummrich, M.: Bildungserfolg und Migration. Opladen 2002.

Entscheidend ist es demnach – insbesondere durch die Anwendung qualitativer Methoden – sich auf einen unreduzierten Alltag der Subjekte zu fokussieren.

Boos-Nünning/ Karakaşoğlu plädieren in diesem Sinne für einen Perspektivenwechsel in Richtung einer Ressourcenorientierung statt bisherigen Defizitorientierung bei Kindern und Jugendlichen aus Migrantenfamilien, dem sie in ihrer Studie zur Lebenslage von Mädchen und jungen Frauen mit Migrationshintergrund nachkommen.[11]

---

[11] Siehe hierzu anschließendes Kapitel.

3. Das stereotype Wahrnehmungsmuster der „türkischen Frau"

In diesem Kapitel soll der wissenschaftliche Diskurs über Migrantinnen dargelegt werden, wobei die Konstruktion der Opferrolle „der türkischen Migrantin" kritisch beleuchtet wird. Kapitel 3.1 bis einschließlich Kapitel 3.2 beschreiben den entstehenden Paternalisierungseffekt, der seine Ursachen in einer euro- beziehungsweise ethnozentristischen Herangehensweise und Haltung hat. Kapitel 3.3 versucht durch einen Perspektivenwechsel die Defizitzuschreibung und ethnozentrische Theoriediskussion an türkischen Migrantinnen zurecht zu rücken und das Konzept der „abhängigen und ausweglosen Migrantin" zu hinterfragen, indem der Blick auf eine Ressourcenorientierung der in Erziehung und Bildung Tätigen gelenkt werden soll. Der Ansatz dieser Ressourcenorientierung setzt bewusstere und differenziertere Konzepte ein, um so die binären Strukturen aufzubrechen und die Vielfältigkeit der Lebenswelten der Frauen und Mädchen zu berücksichtigen. Der empirische Teil der Arbeit zeigt die Heterogenität der Lebenswelten und Lebensweisen meiner Gesprächspartnerinnen auf.

3.1 Der Paternalisierungseffekt in der Migrantinnenforschung

Zahlreiche Studien befass(t)en sich mit dem Thema Mädchen und Frauen in der Migration und seit den 70er Jahren herrscht ein stereotypes Bild besonders *der türkischen Migrantin* vor, wobei diesen jungen Frauen die Abhängigkeit von männlichen Familienmitgliedern, fehlende Selbständigkeit als auch „[...] andere Restriktionen, die sich aus der Frauenrolle in einer patriarchalen Familienstruktur ergeben [...]" (Boos-Nünning/ Karakaşoğlu in: Migration und Soziale Arbeit 2005a: 219) zugeschrieben wird.

Die in diesen Jahren entstehende Defizithypothese unterscheidet die eine Seite der überlegenen Mitglieder einer hochentwickelten (westlichen) Mehrheits-Gesellschaft und die andere Seite der mittellosen, un- beziehungsweise weniger gebildeten und auch weniger emanzipierten Mitglieder der Minderheits-Gesellschaft. Diese beiden Seiten stehen sich demnach unvereinbar gegenüber. Aus dieser Defizithaltung heraus entwickelt sich der *Paternalisierungseffekt*, in welchem die Forscherinnen und Forscher in ihren Handlungs-, Gesprächs- und Interpretationsmöglichkeiten sich allzu leicht zu einer „[...] selbst überschätzenden Helfer-Haltung [...]" verleiten ließen und lassen (Herwartz-Emden 2000: 59), weil sie durch eine Einstellung des Mitleids und einer Wahrnehmung, die den Stereotypen der Gruppenkonstruktion folgt, diesen Frauen und Mädchen zur Emanzipation verhelfen wollen.

Die 80er und 90er Jahre verwerfen zum einen zunehmend das Bild und die Interpretationen der türkischen Migrantin mit muslimischem Hintergrund als hilfloses Opfer ihrer traditionell geprägten und stark religiösen Familie, die rigiden Erziehungsvorstellungen der Eltern beziehungsweise des Vaters ohnmächtig gegenüberstehe, weil sich die „Betroffenen" selbst zu Wort melden und weil Migration nicht mehr nur als Risiko, sondern auch als Chance wahrgenommen wird. Demnach gewinnen viele Frauen an Selbständigkeit und Statustransformation im Sinne einer Steigerung z.B. durch Bildung, da sie „[...] durch eigene Erfahrungs- oder Forschungsberichte, den gängigen Diskurs von 'der Migrantin' zu widerlegen [versuchen]" (Boulanger in: Interkulturell und Global 2005: 25).

Zum anderen nimmt die Migratinnenforschung der 80er Jahre auch in Folge eigener Beobachtungen, Kritik und Analyse eine selbstreflexive Haltung ein, indem sie ihren blinden Fleck bezüglich der Konstruktion eines gewohnten und eben teilweise heute noch aktuellen stereotypen Bildes der Türkin als *Opfer* des Migrationsprozesses aufzuklären versucht. Die Kritik knüpft hierbei an das Bild einer verallgemeinernden Gegenüberstellung zwischen der traditionellen, agrarisch geprägten Herkunftskultur der MigrantInnen, welche einem restriktivem Sozialgefüge und einem rigiden Werte- und Normensystem (wobei Normen als allgemein verbindliche Handlungsorientierungen auf Basis moralischer Maxime verstanden werden, die jedoch nicht feststehend, sondern variabel sind) unterstehen und der hochtechnisierten, arbeitsteiligen, individualisierten und emanzipiert-aufgeklärten Aufnahmekultur, respektive der BRD (vgl. Diehm/ Radtke 1999: 76 ff.).

Diese der *Migrantenkultur* attestierte Modernitätsdifferenz habe ihre Ursachen in der Tradition, dem Islam und dem Patriarchat, wobei diese drei Aspekte zum Synonym für ein unterdrückerisches und oftmals latent gewalttätiges Herkunfts-Milieu gerinnen (vgl. ebd.: 78). Eine erforderliche Trennung von islamischer Religion und regionalen Traditionen wird nicht vollzogen. Der Einfluss eines tradierten Bildes vom Orient, also einer „[...] Region der Erde, in der das ‘kulturelle Erbe’ der Bevölkerung ausschließlich von den Traditionen des Islam geprägt [...]“ ist, scheint noch immer bedeutend zu sein. Es findet eine Verortung in der Dichotomie zwischen Tradition und Moderne statt, wobei die türkische Kultur als islamisch-traditionell und die deutsche Kultur als modern gilt (vgl. Otyakmaz 1995: 45).

Die von vielen Frauen der Pioniergeneration anscheinend internalisierte *Gefangenen-Rolle* entpuppt sich demnach im hochentwickelten Aufnahmeland als Auslöser für einen „[...] tiefgreifenden lebensgeschichtlichen Bruch [...]“ (Diehm/ Radtke 1999: 78), der durch die erfahrene Entwurzelung aus dem vertrauten Kontext im Herkunftsland seinen Höhepunkt in einem schwerwiegenden Identitätskonflikt finde:

> *„Die These eines kulturellen Konflikts, der auf individueller Ebene in Form eines Identitätskonflikts repräsentiert wird, argumentiert für ausländische Frauen quasi eine 'Bewußtlosigkeit', ein Ausgeliefertsein an eine fremde Welt, die sie selbst nicht verstehen können.“* (Hebenstreit 1986 zit. n.: Diehm/ Radtke 1999: 78)

Der direkte Ableitungskontext von Fremdheit und Kulturdifferenz bietet den Professionellen in Erziehung und Bildung nach Meinung der Autoren an, ein paternalistisches Verhältnis zu etablieren. Und geht es in den oben genannten Aussagen um die erste Generation von Frauen in der BRD, so durchzieht diese Opposition von

Tradition und Moderne auch die Beschreibungen von Mädchen der zweiten Generation, wobei es in ihrem Falle noch eine Erweiterung im Sinne einer Generationendifferenz gibt. Diese Konstruktion erfährt noch einen zusätzlichen Effekt, da sich im Falle der Mädchen der zweiten Generation mehr Oppositionen konstituieren, was die Probleme gewaltiger und damit tragischer erscheinen lässt (vgl. Diehm/ Radtke 1999: 78 ff.). Um diese belastende und quasi allgemeingültige Situation der Mädchen kritisch zu verdeutlichen, sei im Folgenden ein längeres Zitat angeführt:

> *„Der Prozeß Altes und Neues im Fühlen, Denken und Handeln in der eigenen Person zu integrieren ist äußerst schwierig und könnte in vielen Fällen nur auf Kosten der 'Familieneinheit' gehen. Väter halten sich gewöhnlich aus der Erziehung heraus, außer um ihre kontrollierend-strafende Rolle auszuüben; harte körperliche Strafen sind dabei häufig [...] Die Probleme, die im normalen Individuationsprozeß der Mädchen während der Pubertät auftreten, werden durch die besonderen Umstände der Migration verstärkt; sie rufen in manchen Fällen radikale Antworten hervor: Oft denken die Eltern, die Lösung könne eine (erzwungene) Rückkehr der Mädchen in der Heimat sein – bei Türkinnen oft mit einer von den Eltern arrangierten Heirat verbunden – unabhängig davon, daß hiermit der Entwicklungsprozeß der Mädchen unterbrochen und gestört wird [...]"* (Veneto-Scheib in: Lajios 1993: 49).

Und auch heute noch, also über 40 Jahre nach Beginn der Anwerbung von türkischen GastarbeiterInnen sind die Beschreibungen vom Orientalismusklischee durchzogen, wobei *beide Welten* als von Grund auf verschieden dargestellt und dadurch eine Degradierung der *anderen* Kultur vorgenommen wird. Auffällig ist in diesem Zusammenhang die besondere Stellung *der Türkin* im sozial- und erziehungswissenschaftlichen als auch im pädagogischen Diskurs – über die Männer und ihre Befindlichkeiten existieren wiederum kaum Untersuchungen (vgl. Diehm/ Radtke: 79).

Trotz der migrationsbedingten Veränderungen wird in vielen Veröffentlichungen noch immer davon ausgegangen, dass *alle* Familien rigide geschlechtsspezifische und traditionelle Erziehungsvorstellungen beibehalten und nicht verändern. Der daraus für die Mädchen resultierende Konflikt besteht demnach nicht nur im Kulturkonflikt, da die Heimatkultur der Aufnahmekultur gegenüberstehe, sondern wird noch durch den sich daraus ergebenden Identitätskonflikt in ihrem psychosozialen Bereich verschärft.

Die immer wieder höchst verallgemeinernde Weise und defizitorientierte pädagogische Wahrnehmung der Frauen und Mädchen wird grundlegend kritisiert (vgl. ebd.). Das Einsetzen von Kulturdifferenzen im Bereich der Bildung und Erziehung, welches unter dem Deckmantel funktioniert, den Frauen und Mädchen zu ihrer Emanzipation zu verhelfen, bedient sich der Klassifikationsmerkmale Ethnizität und Geschlecht. Diese beiden Klassifikationsmerkmale sind stets auch Kategorisierungen[12], die als fremdmachende Konstruktionen fungieren. In modernen Gesellschaften ist die Anwendung der ethnischen Differenz zu einer Ressource geworden, die zur Mobilisierung genutzt werden kann, weil es hier um Teilnahmechancen und die Vergabe von begehrten Gütern wie Wohnraum, Arbeit und Bildung geht (a.a.O.: 59).

Die vollzogenen Unterscheidungen lassen demnach Unterlegen- und Überlegenheitsverhältnisse begründen, da diese Kategorisierungen entlang der „[...] Merkmale Nationalität, Ethnizität, Religion, Kultur, Hautfarbe und Geschlecht [...] in Auseinandersetzungen um Macht benutzt [werden]" (ebd.: 82). Hierbei handelt es sich um gruppenkonstituierende Merkmale, die gegen die anderer Gruppen aufgewogen werden, wobei dieses Aufwiegen ein qualitatives ist und somit einer Einordnung in eine Hierarchie folgt: „Als die implizit überlegenen Kulturen gelten diejenigen, die den sozialen und politischen Individualismus [...] fördern, im Gegensatz zu denjenigen Kulturen, die ihn hemmen und einengen." (Balibar 1989 zit. n.: Otyakmaz 1995: 46)

Aus diesem Blickwinkel wird die individualistische Kultur als modern, die von Kollektivität geprägte als traditionelle Kultur betrachtet. In diesem Zusammenhang sollen sich gerade Mädchen und Frauen, da sie anscheinend den Prototyp des Kulturkonflikts darstellen, auf eine höherwertige Kulturstufe hinaufarbeiten; dies soll im Sinne einer Weiterentwicklung geschehen. Dabei könnten ihnen, ausgehend von einer eurozentristischen Sichtweise, Angehörige der Mehrheitskultur behilflich sein.

Festzuhalten bleibt, dass trotz der mittlerweile differenzierteren Sichtweise und der Feststellung, dass man nicht von *einer* Lebensrealität und Wertorientierung *der* türkischen Frau ausgehen kann und darf, da eine große Pluralität familiärer und persönlicher (Lebens) Geschichten existiert, dennoch das Stereotyp der (türkischen) Frau vorherrscht, welcher im besten Falle zu einem Ausbruch aus ihrer *unerträglichen* Situation geholfen werden muss. Diese Paternalisierungshaltung hat ihre Ursachen im Ethnozentrismus, der im folgenden Kapitel näher erläutert werden soll.

3.1.1 Feministischer Ethnozentrismus[13]: die Migrantin als hilfloses Opfer ihrer Herkunftskultur

Den Anstoß zur Diskussion *der ausländischen Frau* gaben Sozialpädagoginnen/ Sozialarbeiterinnen, die mit eben diesen Frauen konfrontiert wurden. Diese Frauen wurden jedoch immer nur im Lichte von Schwierigkeiten und als extrem problembeladen wahrgenommen, wodurch auch ihre Lebenswelt beziehungsweise ihre Herkunft als Problemhintergrund aufgefasst wurde (vgl. Hebenstreit 1988: 28).

Kritisch zu beleuchten wäre in diesem Zusammenhang, dass die SozialarbeiterInnen zwar eine Konfrontation mit Problemfällen aus dieser Gruppe erleben, diese jedoch generell als repräsentative Fälle für eine komplette Gruppe – hier der türkischen Frauen – erheben, „welche mit Hilfe deutscher UnterstützerInnen an die Öffentlichkeit gebracht werden". (vgl.: Otyakmaz 1995: 14)

Der feministische Ethnozentrismus ist gerade da bemerkbar, wo über Frauen aus dem islamischen Raum, speziell aus der Türkei, berichtet wird. Hierin konzentriert

---

[12] An Kategorisierungen sind immer soziale Bewertungen gebunden, wobei sich jede Bewertung hinsichtlich ihrer sozialen Relevanz unterscheidet (vgl. Dichm/ Radtke 1999: 82).
[13] Der erste Teil des Titels ist dem Beitrag von Sabine Hebenstreit entnommen: Feministischer Ethnozentrismus und Wege zum Verstehen. Informationsdienst zur Ausländerarbeit. 1988, Nr. 3.

man sich auf traditionelle Ehrvorstellungen und die Religion, wobei diese beiden Aspekte gleichsam zum Synonym von Frauenunterdrückung vereint werden. „Aus der wohlmeinenden Absicht heraus, den vermeintlich unterdrückten Schwestern helfen zu wollen, schleicht sich ein 'feministischer Ethnozentrismus' [...]" (Hebenstreit 1988: 28) und gleichzeitig auch der oben genannte Paternalisierungseffekt ein.

Durch eine Orientalisierung der Migrantin wird ein Musterbeispiel erschaffen, in welchem die Hilfsbedürftigkeit der Migrantin bereits angelegt ist, wobei sie – rückständig und isoliert – als machtlos und schwach beschrieben wird:

> „Ursächlich abgeleitet aus einem traditionellen islamischen Normen- und Wertesystem in rückständigen Gesellschaften erscheint Frauenunterdrückung als spezifisches Problem der Migrantinnen." (ebd.: 29)

Deutsche Frauen stellen im Vergleich zu den *Betroffenen* damit emanzipierte Vorbilder für ihre noch nicht emanzipierten „Schwestern" dar, so Hebenstreit (a.a.O.).

Sowohl die theoretische Herangehensweise als auch die praktische Migrantinnenarbeit sind damit vom feministischen Ethnozentrismus gekennzeichnet, da die stereotypisierten Migrantinnen als lebendes Beispiel weiblicher Unterdrückung fungieren. Diese wird durch die Betonung ihrer Opferrolle und durch die These ihrer Mehrfachunterdrückung damit festgeschrieben:

> „[...] derzufolge die Migrantin über ihre Ausbeutung als Frau und als Arbeiterin auch noch die besonders patriarchalische Unterdrückung ihrer kulturellen Herkunft erleiden muß." (Hebenstreit 1988 zit. n.: Lutz 1988: 19)

An anderer Stelle zementiert Veneto-Scheib diese Aussage der Mehrfachunterdrückung:

> „Als diejenigen, die im Berufsleben auf der untersten Stufe der Skala stehen und außerdem fast immer alleine die Last und die Verantwortung für Hausarbeit, Kindererziehung und Beziehungspflege der Familie tragen, sind ausländische Frauen in dreifacher Hinsicht benachteiligt: Als Arbeitnehmerinnen, als Ausländerinnen, als Frauen." (Veneto-Scheib in: Lajios 1993: 48)

Es ist eindringlich zu betonen, dass Mehrfachunterdrückung von Frauen sehr wohl stattfindet, jedoch die hierbei bestehende Haltung kritisiert werden muss, diese Unterdrückung ohne Differenzierung *allen* Frauen und Mädchen zuzuschreiben und diese nur im Lichte des Opfersstatus zu sehen, in der sie vermeintlich nicht in der Lage sind, selbständig und aus sich selbst heraus erfolgreiche Strategien und Handlungsmuster zu aktivieren. In dieser Arbeit geht es nicht darum, Unterdrückung zu bestreiten oder mit einer *relativierenden Brille* zu betrachten, sondern lediglich darum, Frauen und Mädchen als Akteure ihres Lebens zu begreifen, die über zahlreiche und vielfältige Strategien und Handlungsperspektiven verfügen und diese in ihrem Lebensalltag anwenden.

3.1.2 Eurozentrismus in der Migrantinnenforschung

Der Eurozentrismus als europäische Ausprägungsform des Ethnozentrismus setzt als „[...] supranationales System eine europäische Gemeinsamkeit voraus [...]" (Otyakmaz 1999: 15), wobei diese Gemeinsamkeit nach Meinung der Autorin nicht als Realtypus, jedoch als Idealtypus und damit einhergehend als eine theoretische Figur verstanden wird. Versucht man nun eine klar definierte Vorstellung von einer geschlossenen europäischen Kultur zu erlangen, so stellt man sehr bald fest, dass hier kein einheitliches Bild existieren kann, da Europa höchstens in seiner Verschiedenartigkeit eine Einheit repräsentieren kann, „[...] deren Facetten sich jedoch nicht übereinanderblenden lassen, ohne daß das Bild verschwimmt". (Rauchfuss 1994 zit. n. Otyakmaz: 16) Eine Repräsentation des Begriffes „europäische Kultur" als geschlossenes System ist somit nicht möglich, weil es für seine Mitglieder nicht für *alle* dasselbe bedeutet, sondern einen vielschichtigen und umstrittenen Kontext darstellt, in dem verschiedenste regionale, geschlechtsspezifische und soziale Identitätsmuster vorherrschen, welche sich wiederum historisch herausgebildet haben und sich auch stetig weiter verändern, sowohl „[...] synchron, also quer durch alle

Klassen und gesellschaftlichen Gruppen, als auch in unterschiedlichen Formen und Intensitäten". (a.a.O.)

Der Begriff des Eurozentrismus ist nicht nur als eine Spielart des Ethnozentrismus unter vielen zu verstehen, sondern eine qualitativ ausgeweitete Variante dessen. Eurozentrismus bedeutet, dass westeuropäische Standards mit einem allumfassenden Gültigkeits- und ebenso Ausschließlichkeitsanspruch vertreten werden, wobei dies häufig mit technisch-militärischer als auch ökonomischer Macht global durchzusetzen versucht wird (vgl. Otyakmaz: 17). Andere, von der europäischen Zivilisation abweichende Lebenspraktiken werden zur Anomalie und demnach zu einer weniger entwickelten Form degradiert. Hier sei das viel umstrittene Kopftuch angeführt, das immer wieder heftige Diskussionen aus(ge)löst (hat), weil es aus Perspektive der Feministinnen und feministischen Forscherinnen *für* Unterdrückung und *gegen* emanzipatorisches Handeln steht. Das Kopftuch repräsentiert in diesem Sinne einen Gegensatz zur geltenden Gleichheit der Geschlechter in Europa beziehungsweise in der BRD: es wird als Zeichen der Unterdrückung, ja als Menschenrechtsverletzung verstanden, ohne darüber nachzudenken, ob es nicht sein kann, dass das Kopftuch von einem Großteil der Frauen selbst, ohne jeglichen (männlichen) Zwang angelegt wird. In dem Moment, wo wohlmeinende, emanzipierte Frauen den leidenden Schwestern helfen wollen, beginnt die oben erwähnte paternalistische Haltung, die ihren Blick nicht darauf verwendet, dass andere Perspektiven, Bewertungen und Ziele von Migrantinnen *selbst* die eigenen Maßstäbe relativieren könnten.

Indem das europäische Zivilisationsmuster durch eurozentristisches Denken als Maßstab für ein globales Entwicklungsziel gesetzt wird, entsteht im Diskurs über MigrantInnen eine Art Erwartungshaltung. Die Zielvorstellung dieser Erwartungshaltung besteht demnach in der Integration beziehungsweise Assimilation an oben genannte Maßstäbe. Im Unterschied zum rassistischen Denken räumt diese Erwartungshaltung gegenüber den MigrantInnen zumindest eine Fähigkeit zur Entwicklung ein (vgl. ebd.: 18).

Die eurozentristische Argumentation geht demnach von der Möglichkeit der Akkulturation der Individuen aus, wobei Akkulturation hier im Sinne einer Assimilation an die Mehrheitskultur verstanden wird. Es muss jedoch kritisch angemerkt werden, dass gerade *dieser* auf die MigrantInnen ausgeübte Assimilationsdruck keinen Raum für die notwendige Unterschiedlichkeit zulässt (vgl. Otyakmaz 1995: 53).

Auch Schepker/Eberding widmen sich in ihrer Untersuchung[14] dem stereotypen Bild von Mädchen türkischer Herkunft als dreifach Diskriminierte, die auf Haus, Religion und Familie beschränkt seien. Die sowohl im Alltagsverständnis als auch in der Wissenschaft seit Ende der 70er Jahre entstandenen stereotypen Beschreibungen der Frauen/Mädchen, die – trotz Migration – an tradierte, geschlechtsspezifische Handlungsweisen gebunden seien und denen auch noch eine „[...] Verhärtung ihres traditionellen Rollenverhaltens [...]" (König 1989: 165) zugeschrieben wird, spricht hier jedoch andererseits den MigrantInnen eine Entwicklungsfähigkeit in veränderten gesellschaftlichen Bedingungen ab (vgl. Schepker/ Eberding 1996: 112).

Die gesellschaftliche und familiäre Stellung der Frau wird häufig mit religiösen Normen des Islam begründet, dies findet aber immer nur im Kontext von muslimischen Frauen, das Neue oder Alte Testament des Christentums jedoch niemals als Begründung der Stellung einer (nicht-muslimischen) Frau in der hiesigen Gesellschaft statt (vgl. ebd.).

Die Autorinnen weisen darauf hin, dass selbst in aktuelleren Arbeiten stets alte Generalisierungen und Stereotypisierungen vorzufinden sind und kritisieren damit das (immer noch) häufige Auftreten von selektiv wahrnehmenden Betrachtungs-

---

[14] Diese Studie hat unter anderem die Kontrollüberzeugungen von Jugendlichen deutscher und türkischer Herkunft untersucht. Unter *interner* Kontrolle wird die innere Überzeugung, positive/negative Ereignisse als Konsequenz eigener Handlungen und persönlicher Kontrolle zu sehen verstanden. *Externe* Kontrolle spiegelt demgegenüber die Einstellung wider, hilflos, ausgeliefert und von anderen Menschen/ Mächten abhängig zu sein. Externalität bedeutet in diesem Sinne eine eher kollektivistische, altruistische Haltung und Internalität eine Überbetonung von Eigenverantwortlichkeit i.S. individualistisch-egoistischer Haltung. Weitere Ergebnisse der Studie siehe: Schepker, R./ Eberding, A.: Der Mädchenmythos im Spiegel der pädagogischen Diskussion. Zeitschrift für Pädagogik, 42. Jg., 1996.

weisen und verallgemeinernden Arbeiten, wobei aufschlussreiche und differenzierende Untersuchungen wie z.B. von Nauck und Boos-Nünning wenig Beachtung in
neueren Veröffentlichungen finden. Sowohl Nauck als auch Boos-Nünning kommen in ihren Studien zu den Ergebnissen, dass vielfältige Unterschiede, Verände-
rungsprozesse und Verhaltensdifferenzen in Abhängigkeit u.a. von Sprachkenntnis-
sen, Berufstätigkeit und Familienstand vorzufinden sind.[15]

Auch die in der Literatur postulierte Ohnmacht von Mädchen im Sinne eines ge-
ringen Einflusses auf familiäre Entscheidungen aufgrund eines autoritär-rigiden
Erziehungsstils konnte durch die Untersuchungen von Schepker/Eberding als auch
von Nauck nicht belegt werden, d.h. dieser war weder kontinuierlich anzutreffen
„[...] noch hinsichtlich inner- und außenfamiliärer Entscheidungen gleichermaßen
wirksam". (Nauck 1994 zit. n.: Schepker/ Eberding 1996: 121)

Die Frage, warum sich – trotz zahlreicher gegenläufiger Ergebnisse und Erkenntnisse – heute noch immer Stereotypen die wissenschaftliche wie auch öffentliche Literatur durchziehen, ist nach Meinung der Autorinnen durch die Entstehung
und Funktion von Stereotypien erklärbar, wonach diese eine kognitive und emotionale Stabilisierungsfunktion haben. Nach Rommelspacher ist die Stabilisierungsfunktion von Fremdheitskonstrukten auch gesellschaftlicher Natur, da die Mehrheitskultur sich durch rassistische Projektionen stabilisiere (vgl. Rommelspacher:
1993: 5).

„Die Fremdheitsrepräsentanz eignet sich ihrer psychohygienischen Funktion
wegen vorzüglich dazu, Konflikte in der eigenen Kultur unbewußt zu machen."
(Erdheim 1992: 742)

---

[15] Siehe hierzu: Boos-Nünning, U.: Die Definition türkischer Mädchen als Außenseiterinnen. In:
Nestvogel (Hg.): „Fremdes" oder „Eigenes"? Frankfurt 1994, S. 165-184 // Dies.: Lebenssituation
und Deutungsmuster türkischer Mädchen in der BRD. In: Yakut, A. et al: Zwischen Elternhaus und
Arbeitsamt: Türkische Jugendliche suchen einen Beruf. Berlin 1986, S. 67-106 // Nauck, B.: Erziehungsklima, intergenerative Transmission und Sozialisation von Jugendlichen in türkischen Migrantenfamilien. In: Zeitschrift für Pädagogik 40, 1994, S. 43-62.

3.1.3 Der Subjektbegriff in der Migrantinnenforschung

Aus der in den Kapiteln 3.1-3.1.2.1 genannten Perspektive heraus wird ersichtlich, dass das Bild über Frauen türkischer Herkunft als ein Gesamtmodell aufgefasst wird, so dass nicht die Einzelne, als individuell handelnde und handlungsfähige Frau wahrgenommen wird, sondern alle türkischen Frauen in der BRD demnach diesem Modell entsprechen.

Lutz kritisiert das Fehlen des Subjektbegriffs in der bundesdeutschen Migrationsforschung, der es erlaubt, die Frau nicht nur als Opfer, die – „[...] als willenlose Reproduzentin von 'falschem Bewusstsein' [...]" – vom universellen Patriarchat beherrscht werde, zu begreifen (Lutz 1988: 18). Demgegenüber sollte versucht werden, sich von einem essentialistischen biologistischen Begriff der Frauenunterdrückung zu verabschieden, um den aktiven subjektiven Beitrag i.S. eines eigenständigen Lebensentwurfs der Frauen zu erkennen. Unter Lebensentwurf versteht Lutz das „[...] subjektive Element bei der Gestaltung eines Menschenlebens: das aktive Handeln sowie die Bedeutung, die Selbstinterpretation, die das Individuum seinem Handeln gibt". (ebd.) Es ist nach Meinung von Lutz möglich, auf die universelle Theorie von der Unterdrückung der Frau zu verzichten, denn aus konstruktivistischer Sicht sind sowohl Männlichkeit als auch Weiblichkeit Konstrukte, die keine feststehende Bedeutung haben, weil sie sich unter zahlreichen und unterschiedlichen gesellschaftlichen Umständen stets neu bilden. Somit ist also die Definition von Weiblichkeit auch immer vom jeweiligen Kontext und Platz abhängig, womit durch diese Herangehensweise den *Unterschieden* in Erfahrungen und Identitätsformen zwischen den Frauen Rechnung getragen wird, so dass ein vereinheitlichtes Weiblichkeitsmodell diesen Verschiedenheiten nicht standhalten kann (a.a.O.).

Das abschließende Plädoyer läuft in die Richtung, sich dem Bild über die Unterdrückung aller Frauen, welches ein vereinfachtes und gleichzeitig unhinterfragtes Modell westlicher Emanzipation ist, zu entledigen, denn gerade hierdurch „[...]

entstehe [ein] Superioritätsgefühl [...]" (ebd.: 19). Auch eine Mitleidspädagogik, die die Migrantinnen in einer Art statischen, hilfebedürftigen Objektrolle fest-schreibt ist nicht wünschenswert, da positive Bindungen und Ressourcen innerhalb der Familie übersehen werden. Stattdessen sollte man den aktiven subjektiven Bei-trag von Frauen wahrnehmen und anerkennen. Auch Mecheril betont die Notwen-digkeit einer subjektorientierten Migrationswissenschaft, die sich grundlegend mit der Aufgabe konfrontieren muss, Handlungs- und Erfahrungsweisen, Selbstver-ständnisse und Identitätspraxen aus der Perspektive der Subjekte zu beschreiben und zu untersuchen (vgl. Mecheril 1997: 33).

Die Viktimisierung der türkischen Frauen, die über keinerlei aktive Handlungs-strategien verfügten wird besonders von Migrantinnen kritisiert.[16] Natürlich gibt es Frauen und Mädchen türkischer Herkunft, die unter einer strengen, patriarchalen Erziehung leiden. Jedoch muss diese Tatsache im Hinblick darauf gesehen werden, dass auch deutsche (und andere) Frauen und Mädchen ein System patriarchaler Herrschaftsstrukturen erleben und die Misshandlung einer türkischen Frau deshalb nicht anders gewertet werden darf als die Misshandlung einer deutschen Frau, weil sie kein Charakteristikum und auch keine Erfindung türkischer Kultur ist (vgl. Otyakmaz 1995: 46).

3.2. Das Spannungsfeld „Generationenkonflikt, Kulturkonflikt und Identitätskonflikt"

Die (ethnozentrischen und generalisierenden) Grundgedanken früherer Veröffentli-chungen bezüglich der Familienstruktur und den Erziehungsvorstellungen von Fa-milien türkischer Herkunft, die in folgenden vier Punkten thesenartig zusammenge-fasst werden, prägen auch heute noch das Bild von türkischen Migrationsfamilien und deren Sozialisationsleistungen: in der patriarchalisch-autoritär konstatierten

---

[16] Vgl. hierzu: Otyakmaz, B.Ö.: Auf allen Stühlen. Das Selbstverständnis junger türkischer Migran-tinnen in Deutschland. Köln 1995.

Familienstruktur wird das größte Integrationshemmnis gesehen. Seit Beginn der Zuwanderung werden die Erziehungsvorstellungen in Migrationsfamilien türkischer Herkunft als zu unterschiedlich von in deutschen Familien vorherrschenden Erziehungszielen betrachtet. Das Verhältnis zwischen den Generationen sei wegen der unterschiedlichen Sozialisation gestört und nehme demnach entscheidenden Raum in der Beziehung ein. Hinzu kommt eine durch Fachwelt und Medien verbreitete Sicht, dass vor allem die Durchsetzung rigider, geschlechtsspezifischer Normen zur prinzipiellen Benachteiligung der Mädchen führe (vgl. Boos-Nünning/ Karakaşoğlu 2005b: 97).

3.2.1 Erziehungsvorstellungen bei Migrantenfamilien türkischer Herkunft

Selbstverständlich weist die Familiensituation von Kindern und Jugendlichen türkischer Herkunft kulturspezifische Aspekte auf. Und genauso selbstverständlich sei darauf aufmerksam gemacht, dass rigide/autoritäre Erziehungseinstellungen existieren, mit denen Kinder konfrontiert und die von diesen als negativ erlebt werden. Ob jedoch *alle* Kinder in einer „[...] arabesquen Welt der Widersprüche [...]" (Akgün in: Laijos 1993: 58) leben, weil *alle* türkischen Eltern ihre traditionelle Rollen- und Autoritätshierarchie den Kindern vorleben und auch weitervermitteln wollen – was Zerrissenheitsgefühle verursache und die Jugendlichen deshalb nicht wüssten „[...] in welchen Situationen sie sich welchen Normen entsprechend verhalten sollen [...]" (Payandeh 2002: 74ff.) – sei hier angezweifelt.

Grundlegend soll angemerkt werden, dass sich das Erziehungsverhalten bei Familien in der Migration im Vergleich zum Erziehungsverhalten im Herkunftsland der Eltern – hier der Türkei – aufgrund vielfältiger (sozioökonomischer und soziostruktureller) Faktoren unterscheidet, wobei auf das Erziehungsverhalten und die Erziehungsvorstellungen in der Türkei aufgrund des begrenzten Rahmens dieser Arbeit nicht näher eingegangen werden kann.[17]

Im Folgenden werden zentrale Aspekte des Erziehungsverhaltens und der migrationsbedingte Wandel von Erziehungsvorstellungen bei türkischen Familien in Deutschland näher betrachtet.

Bezüglich der Erziehungsvorstellungen beziehungsweise des Erziehungsverhaltens bei türkischen Migrantenfamilien in Deutschland wird immer wieder von einem traditionellen, und im engeren Sinne religiös begründeten Erziehungsverhalten ausgegangen. Dabei wird vornehmlich eine „[...] lineare Kontinuität der mitgebrachten religiös determinierten Traditionen aus der Türkei [...]" (Karakaşoğlu-Aydın 1999: 77) unterstellt. Diejenigen Werte, die in Untersuchungen von den deutschen Durchschnittswerten abweichen, werden als gegensätzliche Erziehungsziele bezeichnet, die „[...] als Ursache für die Eingliederungsprobleme türkischer Kinder in den bundesdeutschen Kontext [...]" gesehen, wiederum zu Identitäts- und Kulturkonflikten bei den Kindern aus Migrantenfamilien führen müssten (ebd.: 78).

Migrationsbedingte Veränderungen der Familienstrukturen und familialen Orientierungen sind lange Zeit unberücksichtigt geblieben, so dass das eindimensionale Bild über Migrationsfamilien eben so lang vorherrschend war und teilweise heute noch ist. Es wurden jedoch auch differenzierte Untersuchungen bezüglich des migrationsbedingten Wandels in den Familienstrukturen durchgeführt, auf die im Folgenden näher eingegangen werden soll.

Nauck hat seit den 80er Jahren anhand seiner zahlreichen Studien – vornehmlich in Familien türkischer Herkunft – dargelegt, dass diese sich im Vergleich zu deutschen stärker patriarchalisch ausgerichteten Familien durch die Wanderung/Migration nach Deutschland bezüglich der Aufgabenallokation, der Verteilung von Entscheidungsmacht und dem Typ der Familienstruktur stark verändert haben. Dem-

[17] Karakaşoğlu-Aydın, Y.: Muslimische Religiosität und Erziehungsvorstellungen. Eine empirische Untersuchung zu Orientierungen bei türkischen Lehramts- und Pädagogikstudentinnen in Deutschland. Frankfurt a.M. 1999 // Payandeh, M.: Emanzipation trotz Patriarchat. Türkische Frauen des Bildungsmilieus berichten über ihr Leben. Marburg 2002, S. 17ff.

nach stellt er eine deutliche Variabilität in der Einteilung von Aufgaben und Entscheidungsmacht zwischen den Geschlechtern fest, in dem kooperative Entscheidungen überwiegen und die Erfüllung von Aufgaben autonom erfolgt (vgl. Nauck 1985). In diesem Sinne möchte er anhand der Untersuchungsergebnisse das stereotype Bild von der autoritär-patriarchalischen türkischen Familie korrigiert wissen. Eine Veränderung der Familienstruktur im Vergleich zu denjenigen Strukturen im Herkunftsland ist also feststellbar, doch ist dieser Wandel nicht als lineare Anpassung an die deutsche Familienstruktur zu deuten und kann sich auch zumeist durch die Außenwelt unerkannt in internen Strukturen abspielen (vgl. Boos-Nünning/ Karakaşoğlu 2005b: 99).

Es lässt sich demnach eine starke Ausdifferenzierung und eine sich hieraus ergebende Variabilität innerhalb der Migrationsfamilien erkennen, so dass von einem generellen autoritären Erziehungsverhalten nicht ausgegangen werden kann.

Im Zuge der migrationsbedingten Veränderung der Familienstruktur zeigt sich ein Wandel im Erziehungsverhalten, der sich etwa in der Berufstätigkeit der Frauen und damit einhergehend eine stärkere Einbindung von Vätern in die Kinderbetreuung und -erziehung widerspiegelt. Insbesondere traditionelle, geschlechtsspezifische Erziehungsmuster verlieren bei jüngeren Eltern ihre Bedeutung (vgl. Gümen/ Herwartz-Emden/ Westphal 1994: 78).

Die Erziehungsstile sollten als heterogen betrachtet werden, weil sie von vielen Faktoren wie z.B. der Ausprägung familialer Religiosität, des städtischen/ländlichen Lebensraums oder dem Bildungsstatus der Eltern abhängig sind: „Das Erziehungsverhalten der Eltern in Einwandererfamilien enthält sowohl autoritär-bestimmende wie auch zärtlich behütende Elemente und ist nur im Kontext der Minoritätenlebenslage erklärbar." (Herwartz-Emden 1997: 5) Die stärkste Erziehungseinstellung in türkischen Familien in Deutschland ist Naucks Ergebnissen zufolge die Behütung, wobei vermutet wird, dass der Grund für diese *overprotectiveness* eine Reaktion auf die als gefährdend erlebte Migrationssituation darstellt. Nach Meinung von Nauck wird elterliche Kontrolle weniger durch rigide

Durchsetzung elterlicher Normen als vielmehr über ängstliche Behütung und zärtliche Beschützung, d.h. starke emotionale Bindung ausgeführt, wobei dadurch der gängigen Vorstellung eines allgemeinen autoritären Erziehungsverhaltens in türkischen Familien ein Konter erbracht und der relativ geringe erzieherische Traditionalismus hervorgehoben wird.

In einer weiteren Studie wird das Erziehungsklima und die Sozialisation von Jugendlichen in türkischen Familien untersucht. Diese als mündliche Befragung bei etwa 400 Elternteilen als auch bei 400 Kindern aus den Familien ergab – entgegen der Auffassung, in türkischen Familien überwiege der autoritär – rigide Erziehungsstil – dass ein einfühlsamer Erziehungsstil vorherrscht und die „[...] Dominanz eines ängstlich-behütenden Erziehungsstils gegenüber autoritärer Rigidität [...]" als Ergebnis dieser Befragung festgestellt werden kann (Nauck 1994: 53). Nauck/ Özel weisen diesbezüglich darauf hin, dass sich die Erziehungsstile im Zusammenhang mit dem Lebenskomfort, der Beherrschung der deutschen Sprache, der Partizipation an deutschen Institutionen und der privaten Kontaktaufnahme zu Deutschen, also den sozialen Kontakten und kognitiven Kompetenzen verändern und darüber hinaus durch den Bildungsgrad der Eltern beeinflusst werden (vgl. Nauck/ Özel 1986: 304). Grundsätzlich werden die Erklärungen zum elterlichen Erziehungsverhalten in der Migration, „[...] die sich ausschließlich auf normative kulturelle oder religiöse Hintergrundfaktoren beziehen [...]" (Nauck 1990: 115) in Frage gestellt, da davon ausgegangen wird, dass situative Faktoren in der Migration größere Bedeutung besitzen als kontextuelle:

> „[Das]Erziehungsverhalten [ist] nicht durch normative kulturelle oder religiöse Hintergrundfaktoren zu erklären, sondern situative Faktoren (strukturelle Handlungsbarrieren der Migrationssituation wie etwa die Berufstätigkeit beider Eltern) [sind] von weit größerer Bedeutung." (Nauck 1990 zit. n.: Karakaşoğlu-Aydın 1999: 81)

Auch sozioökonomische Faktoren wie niedriger sozialer Status oder geringes Einkommen der Familie, die z.B. mit dafür verantwortlich sind, dass man in beengten Wohnverhältnissen lebt und sich deswegen negativ auf das Leben in der Migration und somit eben auch auf die Erziehung der Kinder auswirken können, fanden bisher ebenso wenig Beachtung (a.a.O.: 82ff.). In diesem Zusammenhang weist Nauck zudem auf das Ausbildungsniveau der Eltern hin, welches sich als ein sehr bedeutender Faktor für die Verhaltensstruktur intergenerativer Beziehungen erweist. Dies besagt, dass elterliche Aktivitäten bezüglich der Erziehung ihrer Kinder weniger durch die Migrationssituation und die Nationalität als vielmehr durch das Ausbildungsniveau beeinflusst werden. Durch dieses Ergebnis werden wiederum Erklärungen hinsichtlich des unterschiedlichen Erziehungsverhaltens in deutschen und türkischen Familien, die sich einzig auf religiöse oder normativ kulturelle Hintergrundfaktoren beziehen, hinterfragt. Die Länge der Schulausbildung wirkt sich, unabhängig von der Nationalität, z.B. auf intergenerationale Orientierung, Geschlechtsrollenorientierung sowie traditionelle, behütende, selbstkritische oder autoritäre Erziehungseinstellungen aus: „[...] mit steigendem Bildungsniveau der Eltern (schulisch und beruflich) und der Erwerbstätigkeit der Mutter [wird] die Zustimmung zu 'repressiven' Erziehungszielen verringert." (Karakaşoğlu-Aydın 1999: 91)

Auch in den Geschlechterrollenorientierungen ist ein Wandel festzustellen, der jedoch nicht den gleichen Mustern folgt wie den in westlichen Industriegesellschaften üblichen, da egalitäre Vorstellungen für Mädchen und Frauen nicht im Individualismus, sondern in gleichen elterlichen Erwartungen an Töchter und Söhne bezüglich des Bildungserfolgs und der elterlichen Unterstützung gesehen werden. Hier stellen Gümen et al weiterhin fest, dass die Vereinbarkeit von Familie und Beruf zum selbstverständlichen Lebenskonzept von Frauen türkischer Herkunft gehört und diese nicht als Dilemma-Situation erlebt wird, indem sie sich entweder für Beruf oder Familie entscheiden müssen (vgl. Gümen/ Herwartz-Emden/ Westphal 1994: 77). Durch dieses Resultat wird ebenso erkennbar, dass neben dem subjektiven Bildungswillen auch eine hohe Bildungsaspiration der Eltern hinsichtlich der Töchter vorherrscht. Diese vorzufindende hohe Bildungsaspiration für ihre Kinder sollte nicht im Zusammenhang mit einer Anpassung an die Werte im Sinne einer Assimilation an das Gastland, sondern als Aufstiegsorientierung angesehen werden (vgl. Otyakmaz: 1995: 53).

Gerade im Hinblick auf die Normen, die den Mädchen von Seiten der Eltern gestellt werden, herrscht in der Fachwelt wie auch in der Öffentlichkeit reges Interesse. Die Tatsache, dass junge Frauen (und Männer) türkischer Herkunft in ihrer Erziehung mit elterlichen Normen konfrontiert werden, die ihnen teilweise missfallen, soll hier ebenso wenig bestritten werden wie die Tatsache, dass Generationenkonflikte dabei durchaus auftreten. Bestreitbar ist jedoch die allzu schnelle Erklärung, dass aus diesen beziehungsweise durch diese Konflikte ein *Kultur*konflikt erwächst, der seinen Höhepunkt in einer unauflösbaren Identitätsstörung bei den Jugendlichen erreicht, denn wie konflikthaft die Konfrontation mit Normen erfahren wird, hängt davon ab, wie intensiv sich die intergenerationelle Kommunikation beziehungsweise der Dialog zwischen Eltern und Kindern gestaltet und wie viele Handlungsspielräume und Veränderungsmöglichkeiten innerhalb der Familie gegeben sind und/oder von den Mädchen wahrgenommen werden. Die stattfindenden Konflikte sind als versuchte und vollzogene, altersbedingte Abgrenzungen der Jugendlichen gegen elterliche Normen zu begreifen, die in jeder Familie unterschiedlich stark stattfinden und als Generationenkonflikt bezeichnet werden können. Somit erliegen Kinder aus Migrationsfamilien nicht zwangsweise einem Kulturkonflikt (vgl. Cil in: Attia/ Marburger 2000: 127ff.; Otyakmaz 1995: 129):

„Die meisten Konflikte dieser Art, übertragen auf die Migrantengenerationen, [sind] nicht allein mit Kulturkonflikten zu erklären." (Azizefendioğlu 2000: 18f.)

Eine intergenerationelle Kommunikation und gegenseitige Perspektivenübernahme von Eltern und Kindern ist im Zusammenhang des Generationenkonflikts deshalb so wichtig, weil durch diese ein gewisses Verständnis für im weitesten Sinne generationsspezifische und im engeren Sinne individuelle Orientierungen und Sichtweisen ermöglicht wird. Das Auftreten von Konflikten kann hierbei dadurch erklärt werden, dass elterliche Forderungen einem intergenerationellen Aushandlungsprozess gar nicht zugänglich sind und Kinder keine Perspektivenübernahme seitens der Eltern erfahren und umgekehrt (vgl. Nohl 1997: 29). Intergenerationelle Verhältnisse gestalten sich dementsprechend je nach Familienstruktur sehr unterschiedlich, da Eltern einerseits als Kontrollinstanz erfahren werden können, von denen man sich dann abzugrenzen versucht, wenn keine Perspektivenübernahme und keine Kommunikation stattfinden. Andererseits kann das Gegenteil der Fall sein, indem nämlich intergenerationelle Kommunikation stattfindet, weil elterliche Anforderungen als kommunikativ aushandel- und veränderbar angesehen werden. Hierbei kommt es darauf an, wie eine Person diese individuell erlebt und welche Strategien zur Konfliktvermeidung oder Konfliktaustragung angewandt werden (vgl. ebd.).

Zahlreiche Studien und Untersuchungen[18] gelangen zu dem Resultat, dass eine hohe emotionale Bindung (Familialismus) zwischen den Generationen existiert. Diese ist oftmals mit einer hohen Leistungserwartung verbunden, die durch den Erfolg der Jugendlichen in der Schule umgesetzt werden soll. Nun kann Hummrich zufolge die Beziehung zwischen den Generationen nicht nach universellen Kriterien beurteilt werden – in diesem Zusammenhang z.B. die Bindung an die Familie – weil es um *individuelle* Erfahrungen und Biografien in den Familien geht, die eben aus diesem Grunde nicht vereinheitlicht werden dürfen. Eine starke Bindung an die Eltern kann und darf im Hinblick auf die BildungsaufsteigerInnen nicht nur als Hemmnis gegenüber einer Individualisierung und Verselbständigung gesehen werden, da diese einen großen Beitrag zur Förderung und Unterstützung dieser bei ihrer Bildungsaspiration leistet und die Familie als Handlungssicherheit von den Kindern erlebt wird. Gerade wenn Benachteiligungen von MigrantInnen in der

---

[18] Hier beziehe ich mich, wie oben schon erwähnt, vornehmlich auf die Studien und Untersuchungen von Nauck und Nauck et al, deren Ergebnisse aus Studien ab dem Jahre 1986 Eingang in diese Arbeit finden. Vgl. hierzu: Nauck, B. & Özel, S.: „Erziehungsvorstellungen und Sozialisationspraktiken in türkischen Migrantenfamilien", in: ZSE, 6. Hg., 1986 // Nauck, B.: „Erziehungsklima, integrative Transmission und Sozialisation von Jugendlichen in türkischen Migrantenfamilien", in: ZfP, 1994 // Nauck, B.& Kohlmann, A.& Diefenbach, H.: „Familiäre Netzwerke, intergenerative Transmission und Assimilationsprozesse bei türkischen Migrantenfamilien", in: Kölner ZS für Soziologie u. Sozialpsychologie, Heft 3, 1997 // Nauck, B.& Diefenbach, H.& Petri, K.: „Intergenerationale Transmission von kulturellem Kapital unter Migrationsbedingungen: Zum Bildungserfolg von Kindern u. Jugendlichen aus Migrantenfamilien in Deutschland", in: ZfP, Heft 5, 1998.

Schule oder Universität produziert werden, kann die Familie auf diese negativen Erfahrungen ausgleichend wirken (vgl. Hummrich in: Badawia et al 2003: 268ff.). „Die oftmals starke familiale Bindung kann in vielen Fällen Stabilität, Schutz und Sicherheit bieten." (Boos-Nünning/ Karakaşoğlu 2005a: 227)

Die Erziehungsziele in türkischen Familien können demnach nicht „[...] per se als integrationshemmend definiert werden, da Familiensolidarität und Integration der Kinder in die Familiensolidarität positive Ressourcen [...]" von Kindern aus Migrantenfamilien sind, die neben anderen eine Voraussetzung für eine positive Schullaufbahn darstellen können (Karakaşoğlu-Aydın 1999: 78).[19]

Wie schon erwähnt, ist es nicht bestreitbar, dass junge Frauen und Mädchen mit elterlichen Normen oder/und traditionellen Erziehungszielen konfrontiert werden, denen sie nicht zustimmen, wobei diese Situation nicht nur in türkischen, sondern in allen Familien jedweder Herkunft zu Konflikten führt. Diesen eine (türkische) Spezifik zu etikettieren wäre zu kurzsichtig. Ein Generationenkonflikt sollte daher nicht im Lichte eines türkischen, kulturellen Kontextes betrachtet, sondern als ein Abgrenzungskonflikt gegen elterliche Normen gewertet werden, der sich von Familie zu Familie und von Individuum zu Individuum anders gestaltet. Es geht darum, Traditionalismus und Rigidität nicht als kulturspezifisch anzusehen und zu generalisieren. Es gibt vielfältige Erziehungsstile und –ziele, die sich je nach Familie unterscheiden und demnach von jedem Individuum auch auf unterschiedlichste Art und Weise wahrgenommen und durch individuelle Handlungsstrategien be- und verarbeitet werden.

---

[19] Vgl. hierzu Neumann, U.: Erziehung ausländischer Kinder. Erziehungsziele und Bildungsvorstellungen in türkischen Arbeiterfamilien. Düsseldorf 1980 // Wilpert, C.: Ethnic Identification and the Transition from one Generation to the next among turkish Migrants in the Federal Republic of Germany, in: Ostow et al: Ethnicity, Structured Inequality and the State in Canada and the Federal Republic of Germany. Frankfurt a.M., Bern, Paris 1991, S. 121-136.

3.2.1.1 Kulturkonflikt

Im wissenschaftlichen wie auch im öffentlichen Diskurs erwächst die Konstatie-rung eines Kulturkonflikts daraus, dass das Individuum mit einem bipolaren Werte-system konfrontiert sei. Die zum einen westliche, industrialisierte Kultur mit den Werten des Individualismus und der individualisierten Persönlichkeiten und zum anderen traditionelle „türkische", patriarchale und kollektivistische Kultur stehen demnach im unvereinbaren Kontrast einander gegenüber. In diesem Sinne wird Kultur nicht als dynamisch und wandelbar und somit ständigen Veränderungen unterworfen, sondern als statisch und homogen angesehen. Diesem Verständnis liegt jedoch eine deterministische und in seinem dogmatischen Charakter rassisti-sche Definition von Kultur zugrunde, weil sie von der Annahme geprägt ist, dass Menschen von Geburt an als Mitglied einer beliebigen ethnischen Gruppe be-stimmten Kulturmerkmalen begegnen, die vollständig übernommen und darüber hinaus lebenslang beibehalten werden (vgl. Otyakmaz 1999: 80): „Aus Kultur als einem sozialen, historisch sich entwickelndem Prozess wird eine seminatürliche Eigenschaft generiert." (Kalpaka/ Räthzel 1990 zit. n.: Otyakmaz 1999: 81)

Durch die Verwendung von Kultur als Distinktionsmerkmal und die Funktiona-lisierung von kulturellen Differenzen als Abgrenzungslinie zwischen *Uns*, also dem Eigenen und den *Anderen*, also Fremden entsteht wiederum Kultur-Rassismus. Es muss jedoch darum gehen, den produktiven Umgang mit Differenzen zu üben, d.h. historische und kulturelle Unterschiede zu kennen, ohne sie als festgeschriebene respektive *natürliche* Differenzen zu verstehen. Um nun einer deterministischen Verwendung des Kulturbegriffs zu entgehen, soll im Folgenden die dieser Arbeit zugrunde gelegte Definition kurz dargelegt werden:

Kultur ist demnach „[...] stets ein Feld von Möglichkeiten, das es Menschen er-laubt, sich innerhalb einer Palette von vorgegebenen Normen, Werten und Ausle-gungen die 'ihren' zu erwählen, ihnen ein subjektives Gewicht zu verleihen und damit zur Veränderung der Bandbreite der kulturellen Aktions-, Interaktions- und Interpretationsmuster beizutragen". (Otyakmaz 1995: 57)

Im Hinblick darauf, dass Migrantenkinder mehr divergenten Wertvorstellungen begegnen als deutsche Gleichaltrige, muss – unter Zugrundelegung eines dynamischen Kulturbegriffs und dementsprechenden dynamischen Verarbeitungsmustern – die Konfrontation mit sich daraus womöglich ergebenden Konflikten als der Biographie innewohnende Elemente verstanden werden, wobei Individuen durchaus die Fähigkeit besitzen, diese Konflikte durch autonome und konstruktive Auseinandersetzung auszuhandeln (vgl.Otyakmaz 1995: 54; Hummrich 2002: 380).

3.2.1.2 Identitätskonflikt

Die Entstehung von Identitätskonflikten wird darauf zurückgeführt, dass Jugendliche mit Migrationshintergrund durch widersprüchliche Werte und Normen, die in der Minoritätskultur zum einen und in der Majoritätskultur zum anderen vertreten werden, die jeweils geforderte Loyalität nicht einhalten können: „Als Konsequenz divergierender kultureller Werte und Normen werden auf psychischer Ebene Identitätskonflikte und –krisen sowie psychische Instabilität vermutet und unterstellt […]" (Boos-Nünning/ Karakaşoğlu 2005b: 297). Das hin- und her Gerissen-Sein (zwischen zwei Stühlen) junger Frauen türkischer Herkunft wird demnach als ein unüberwindbares Spannungsverhältnis gedeutet, da sie einerseits die Anforderungen der Eltern und ihrer Heimatkultur und andererseits Anforderungen ihrer deutschen/westlich geprägten, Unabhängigkeit, Autonomie und sexuelle Selbstbestimmung versprechenden Umwelt verarbeiten und sich für eine dieser beiden Kulturen entscheiden müssten. Dieses Aufeinandertreffen der zwei Kulturen mit unterschiedlichen Wertmaßstäben mündet somit in eine grundlegend ungleichwertige Unterteilung der Herkunfts- und Mehrheitskultur. Die hierdurch vorgenommene Hierarchisierung erfolgt nach eurozentristischen Maßstäben, wobei die Hauptqualitäten der Kulturen in der Dichotomie zwischen Moderne und Tradition verortet werden. Mit dieser Kulturdifferenz gehe ein Identitätskonflikt der Kinder und Jugendlichen aus Migrantenfamilien einher, der aus den Divergenzen zwischen Normen und Werten „zusammenprallender" Kulturen bei den „[...] Betroffenen zu Depressionen, Aggressionen, Regressionen und opportunistischem Situationsmanagement und Formen chamäleonartiger Anpassung bis hin zur Unkenntlichkeit einer eigenen Identität [...]" führe (zit. n. Otyakmaz 1995: 128).

Da die Kulturkonflikthypothese in einem Identitätskonflikt resultiert und im Hinblick auf junge Frauen noch den Beigeschmack eines emanzipatorischen Konflikts – „[...] zwischen erzwungener Beibehaltung der Opferrolle oder der 'befreienden' Übernahme der erstrebten westeuropäischen Frauenrolle" (Boos-Nünning/ Karakaşoğlu 2005b: 297) – impliziert, wird den jungen Frauen die eigenständige Verarbeitung beziehungsweise eine bikulturelle Lebensführung und (kreative) Entwicklung eines stabilen Selbstbildes nicht zugestanden. Aktive Handlungsfähigkeit und -strategien werden ihnen durch diese Zuweisung abgesprochen, die Möglichkeit eines Ausbalancierens, Transformierens, Vermischens und Änderns kultureller Normen und Werte wird nicht erkannt.

Ein eurozentristisches Identitätskonzept ist deshalb inadäquat, weil die Migrantinnen „[...] ein Leben in und mit verschiedenen Lebensrealitäten [...] nicht nur möglichst pragmatisch bewältigen, sondern selbstverständlich [...]" leben (Otyakmaz 1999: 53).

Ein Identitätskonzept, dass widersprüchliche Erfahrungen nicht nur als Dilemma beziehungsweise unlösbare Schwierigkeit definiert und zudem von allen Individuen in modernen Gesellschaften abverlangt wird, stellt z.B. das von Keupp dar, welches hier kurz erläutert werden soll.

Demnach müssen Individuen auf gesellschaftliche (Ver) Änderungen adäquat reagieren, wobei sie hier mit widersprüchlichen Anforderungen konfrontiert werden, derer sie nur gerecht werden, wenn sie über unterschiedliche Fähigkeiten und Ressourcen zur Bewältigung verfügen: „Angesichts der partikularistischen Lebenssituation des modernen Menschen [...] ist ein ständiges Umschalten auf Situationen notwendig, in denen ganz unterschiedliche, sich sogar gegenseitig ausschließende

Personenanteile gefordert sein können. Diese alltäglichen Diskontinuitäten fordern offensichtlich ein Subjekt, das verschiedene Rollen und die dazu gehörigen Identitäten ohne permanente Verwirrung zu leben vermag." (Keupp 1989: 47)

Keupps Modell impliziert somit die Möglichkeit, widersprüchliche Identitätsanteile nebeneinander stehen lassen zu können, da multiple Realitäten auch multiple Identitäten erfordern. Dieses Modell ist deshalb so interessant, weil es auf Ressourcen und Kompetenzen hinweist und die Chance auf individuelle Entwürfe in den Vordergrund stellt. Das Subjekt wird somit als Konstrukteur seiner eigenen Person betont – als aktiv und nicht als determiniert, wie in statischen Modellen (vgl. Keupp 1993: 56).

Nach Meinung von Badawia existieren sehr wohl Menschen, die eine bikulturelle Lebensgestaltung ohne schwerwiegende Konflikte aufweisen (Badawia in: ders. 2003: 135). Die Befreiung aus dem klischeehaften Integrationsdilemma der „verlorenen Generation" gelingt demnach einem Teil der Immigrantenjugendlichen unter und trotz schwieriger und strukturell ungünstiger Identitätsentwicklungsbedingungen. „Die Schwierigkeit eines 'bikulturellen Identitätsprojektes' sowie die Konflikte für das Individuum in diesem Prozess [sollen] nicht geleugnet oder verharmlost [werden]" (ebd.:132). Das Interesse sollte sich jedoch auf die Sichtweise der Individuen konzentrieren, die sich autonom und konstruktiv mit Konflikten, die einer bikulturellen Verarbeitung immanent sind und dadurch entstehen, dass die Immigrantenjugendlichen einerseits zur Mehrheitsgesellschaft gehören und zugleich doch anders sein wollen, auseinandersetzen. Sie zeigen durch ihre bikulturelle Identität eine Alternative zur viel zitierten Zerrissenheit auf, indem sie mit den vielfältigen Kultureinflüssen kreativ umgehen und ihr Leben beziehungsweise ihre Interkulturalität im Selbstentwurf zu entfalten verstehen. (vgl. ebd.: 131ff.).

Es wird betont, dass „[...] ein Mensch gleichzeitig einen mehrfachen kulturellen Sozialisationsprozess so durchlaufen kann, dass er über die Inhalte beider Kulturen permanent verfügt und je nach Situation die Handlungswirksamkeit des einen oder anderen Kulturelements im Hinblick auf Kommunikation, Problemlösung und Orientierungsfragen individuell bestimmt [...]" (a.a.O.: 134). Eine bikulturelle Identität erweist sich demnach ohne zwangsläufige und schwerwiegende Krisen oder psychische Belastungen als möglich und die hierfür notwendige Reflexionsfähigkeit der Individuen ist beeindruckend, denn durch die Selbst- und Fremdreflexion sprengen sie durch ihren Selbstentwurf bestehende soziale Rahmungen, indem sie eine dritte Position aufbauen, in der auf individuelle Art und Weise beides vereint, eine positive Denkweise gegen die Dramatisierung von Migrationsfolgen für die Identitätsentwicklung aufgezeigt und durch den Aufbau eines kulturellen Kapitals (nach Bourdieu) durch höhere Bildung sich gegen eine strukturelle Zurückweisung in eine sozial normierte Kategorie aufgelehnt wird (vgl. Badawia et al 2003: 146).

3.3 „Viele Welten leben"[20]: Die Notwendigkeit eines Perspektivenwechsels

In diesem Kapitel geht es um Ressourcen, über welche Mädchen und Frauen (natürlich auch Männer) mit Migrationshintergrund aufgrund ihres Aufwachsens in Deutschland und ihrer familiären Migrationserfahrung verfügen. Viel zu lange wurden sie lediglich in einem Problemfeld verortet, wichtigen Aspekten wie Bi- oder Multilingualität sowie das bi- kulturelle Aufwachsen wurde selten etwas Positives eingeräumt. Im Hinblick auf die Globalisierung erscheinen diese soziokulturellen Ressourcen der Mädchen/Frauen jedoch als notwendig und verdienen mehr Beachtung in der Öffentlichkeit als auch in der Fachwelt.

Im vorliegenden Teil der Arbeit wird größtenteils auf die Untersuchungsergebnisse der unten angemerkten repräsentativen und aktuellsten Untersuchung von Boos-Nünning/ Karakaşoğlu eingegangen.

---

[20] Diese quantitative Untersuchung unter Leitung von Boos-Nünning& Karakaşoğlu ist wegen ihres Plädoyers für einen Perspektivenwechsel im Hinblick auf junge Migrantinnen und der Aktualität der Daten sehr aufschlussreich. Aufgrund des begrenzten Rahmens dieser Arbeit kann hier nur auf einige wichtige Ergebnisse zurückgegriffen werden. Nähere Erläuterungen zu den Ergebnissen dieser repräsentativen Studie, die insgesamt 950 Mädchen verschiedener Herkunft befragt hat: Boos-Nünning, U. & Karakaşoğlu, Y.(2005): Viele Welten leben. Lebenslagen von Mädchen und jungen Frauen mit griechischem, italienischem, jugoslawischem, türkischem und Aussiedlerhintergrund.

Die Autorinnen greifen u.a. das in den vorherigen Kapiteln vorgestellte stereo-type und defizitorientierte Bild der jungen Frauen/Mädchen aus Migrantenfamilien, denen fehlende Selbständigkeit und Abhängigkeit von männlichen Mitgliedern der Familie attestiert wird, welche sich wiederum aus den Restriktionen einer patriar-chalen Familienstruktur ergeben, auf und versuchen anhand ihrer Untersuchung wichtige Aspekte der Lebenswelt der Befragten herauszugreifen und durch die Er-gebnisse näher zu erläutern. Im Folgenden wird auf Frauen/Mädchen aus türki-schen Familien Bezug genommen, was nicht heißen soll, dass den anderen Befrag-ten und ihren Antworten keine Wichtigkeit beigemessen wird. Doch im Hinblick auf das Thema dieser Arbeit wird besonders diese Gruppe von Mädchen/Frauen herausgestellt.

Boos-Nünning/ Karakaşoğlu kritisieren die verengte Sicht, welche die große Pluralität der familiären und individuellen Geschichten, der vielfältigen Wertorien-tierungen als auch der Lebensrealitäten der Mädchen nicht beachtet. Sie weisen darauf hin, dass sich die Zugewanderten, ihre Kinder als auch Kindeskinder – in diesem Falle die dritte Generation – nach ethnischer Zugehörigkeit, Bildungs-niveau, der sozialen Lage wie auch der inneren Struktur der Familien unterschei-den, wobei natürlich darauf aufmerksam gemacht wird, dass sich die aus familiären Migrationserfahrungen und unterschiedlichem Aufwachsen ergebenden Ressourcen und Potentiale – gerade im Hinblick auf die Gestaltung der Gesellschaft in Zeiten der Globalisierung und des europäischen Einigungsprozesses – nicht thematisiert, erkannt und gewürdigt werden. Diesbezüglich plädiert auch Badawia für die Wahr-nehmung und Anerkennung individueller Ressourcen einer jungen Generation, die ihr Leben in Deutschland trotz nachteiliger sozialpolitischer und ökonomischer Entwicklungsbedingungen aktiv und mit ausgeprägter Selbst- und Sachkompetenz führt (vgl. Badawia 2003: 8ff.).

3.3.1 Bildungsmotivation

Durch die Bildungsstatistik wird seit Jahren belegt dass, obwohl bildungserfolgreiche Migrantinnen im Vergleich zu deutschen Mädchen zahlenmäßig geringer im Bildungssystem vorzufinden sind, diese in höherwertigen Bildungsgängen und Abschlüssen erfolgreicher abschneiden als Jungen derselben Nationalität. Im speziellen hat sich die Zahl türkischer Studentinnen in den letzten 20 Jahren verzehnfacht, so dass sie erfolgreich am hiesigen Bildungssystem partizipieren. Die Qualität der erreichten Bildung hängt dabei nicht von dem Grad der Identifikation mit der elterlichen Herkunftskultur oder mit der Verbundenheit zur Religion zusammen. Vielmehr lässt sich herausstellen, dass hohe subjektive Bildungsaspirationen bei den Töchtern ihre Entsprechung in den Orientierungen der Eltern finden (vgl. Boos-Nünning/ Karakaşoğlu 2005b: 222). Diese Tatsache widerlegt die Annahme über die besondere schulische Problemlage dieser Mädchen/Frauen, die durch eine traditionale Orientierung eine restriktive Erziehung und geringe Unterstützung ihrer Bildungsbemühungen durch die Eltern erfahren. In diesem Zusammenhang spricht auch Nauck von einer hohen elterlichen Bildungsaspiration, die nicht geschlechtsspezifisch differenziert ist. Die Bildungsaspirationen der Jugendlichen seien wesentlich durch die Leistungsaspirationen der Eltern geprägt (vgl. Nauck 1994: 57ff.).

Migrantinnen in anderen Ländern integrieren sich verhältnismäßig mehr ins Bildungssystem. Im Hinblick darauf sollte darüber nachgedacht werden, inwiefern das deutsche Bildungssystem nicht zu einer Überwindung von Statusbarrieren, sondern eher zum Erhalt von gesellschaftlichen Machtstrukturen beiträgt (vgl. Hummrich 2002: 60). Es stellt sich heraus, dass die Bildungsmotivation neben dem subjektiven Bildungswillen vor allem durch die Eltern und unter Umständen durch (studierte/studierende) Geschwister/Verwandte, die dann als Vorbilder fungieren, verstärkt wird (vgl. ebd.: 62ff.).

Im Zusammenhang mit dem Bildungsaufstieg können familiale Bindungen zum einen Risiken hervorbringen, wenn eine hohe psychische und affektive Bedeutung dieser Beziehung die Enttäuschungsanfälligkeit der Eltern vergrößert und besonders dann, wenn der Druck des sozialen Aufstiegs auf den Kindern lastet. (vgl. Hummrich in: Badawia et al 2003: 273) Zum anderen stellt diese Bindung jedoch eine Basis für die Entfaltung der Kinder dar und wirkt im Falle von Diskriminierungen und Benachteiligungen, die sich aus der schulischen Konfrontation eines normativ determinierten Autonomieideals ergeben und sich vor allem darin konkretisieren, dass alternative Handlungs- und Lebensentwürfe nicht anerkannt werden, weil „[...] das einzige Modell von Autonomie, das anerkannt wird, das des 'modernen okzidentalen Rationalismus' [ist]" (ebd.: 277), dann als unterstützend und fördernd. In vielen Fällen wie z.B. außerfamiliären Diskriminierungen und Enttäuschungen wird die enge familiale Bindung als wichtige Stütze angesehen und zum Erhalt der emotionalen Sicherheit genutzt. „Bindung muss daher nicht unbedingt Zwang bedeuten, sondern kann auch emotionale Handlungssicherheit implizieren, wenn sie reflexiv genutzt wird." (Hummrich 2002: 68)

Die im Bildungssystem produzierte Benachteiligung wird als bremsend und hindernd erlebt und produziert demnach Konflikte, weil die „[...] pädagogisch Handelnden die Konstruktion zweier Welten vermitteln, von denen eine als autonomieorientiert und modern, die andere als heteronom, kollektivistisch und traditional gesetzt und damit von einem verdinglichtem Kulturbegriff und einer Kulturkonflikthypothese ausgegangen wird [...]" (a.a.O.: 278). Es sei hier darauf hingewiesen, dass viel zu häufig nicht-leistungsbezogene Kriterien in die Beurteilung von Leistungsfähigkeit durch die Lehrerschaft einbezogen werden und schulische Exklusion durch institutionelle Diskriminierung stattfindet.[21]

Die Schule greift individuelle Situationen kaum auf, sondern

---

[21] Siehe hierzu auch: Gomolla, M. & Radtke, F.O.: Institutionelle Diskriminierung: Die Herstellung ethnischer Differenz in der Schule. Opladen 2002.

„[...]subsumiert den Einzelfall unter stereotype Annahmen und [...] versucht damit über eine Konstruktion der Migrantinnen als Fremde die hierarchische Struktur aufrecht zu erhalten und eine symbolische Ordnung zu bestätigen". (Hummrich 2002: 70)

In diesem Zusammenhang wird festgestellt, dass Bildungsaufsteigerinnen nicht selten „[...] ihre Bildungsmotivation gegen die Empfehlung der Lehrer, die sich darin am niedrigen sozialen Hintergrund der Bildungsinländerfamilien orientierten [...]" erkämpfen müssen (Karakaşoğlu-Aydın in: Attia/ Marburger 2000: 108).

Die Tatsache, dass die meisten Eltern der Studentinnen aus bildungsfernen Milieus stammen, bedeutet dennoch nicht, dass die Familien nicht bildungsorientiert wären, im Gegenteil: sie versuchen mit den ihnen zur Verfügung stehenden Mitteln den Bildungswillen ihrer Töchter zu unterstützen und zu fördern (vgl. ebd.: 109). Obwohl die familiären und gesellschaftlichen Rahmenbedingungen sehr vielfältig und unterschiedlich sind, lassen sich doch einige generelle Tendenzen feststellen: es sind demnach besonders Student*innen* türkischer Herkunft, die in den letzten Jahren vermehrt an deutschen Hochschulen aufzufinden sind, woran sich wieder zeigt, dass die Erfüllung elterlicher Bildungsaspirationen nicht nur von Männern/Söhnen, sondern von beiden Geschlechtern erwartet wird.

Der Lebens- und Studienalltag der Studentinnen ist geprägt vom Bestreben, verschiedene Orientierungen wie z.B. die Verbundenheit zur Familie, der berufliche Aufstieg, ein Zugehörigkeitsgefühl zur türkischen community (die dahingehend Stärke vermittelt, als alle Beteiligten einen gemeinsamen sozio-kulturellen Hintergrund aufweisen – dies scheint wichtig zu sein, um einem Explikations- und Rechtfertigungsdruck für spezielle kultur-, schichten- oder religionsspezifische Verhaltensweisen gegenüber dem deutschen Umfeld zu entgehen) als auch der Zugang zur deutschen Gesellschaft, eine kollektive Eingebundenheit und die individuelle Entscheidungsfreiheit zu kombinieren (vgl. Karakaşoğlu-Aydın in: Attia/ Marburger 2000: 124). Die besondere Leistung ist u.a. darin zu sehen, dass aufstiegsorientierte Migrantinnen aufgrund von Diskriminierungserfahrungen nicht zurückweichen und passiv werden, sondern dem Autonomieideal reaktiv begegnen, indem sie

Autonomie gegenüber der Schule entfalten, Bildungsangebote wahrnehmen und trotzdem ihre familiale Verbundenheit behaupten. Diese Verbundenheit hat nicht unbedingt eine Modernitätsdifferenz zur Folge, sondern lässt sich im familiären wie auch außerfamiliären Umfeld nutzen, instrumentalisieren, hinterfragen oder auch erweitern (vgl. Hummrich 2002: 279).

Bezüglich der intergenerationellen Beziehung zwischen Eltern und Kind kann festgestellt werden, dass auch Eltern von den Handlungen ihrer Kinder positive Aspekte erzielen, wenn z.B. Statustransformation die Folge des sozialen Aufstiegs ist (da die Studentinnen überdurchschnittlich oft aus bildungsfernen Familien-milieus stammen) und dadurch soziale Akzeptanz für die gesamte Familie ver-spricht (vgl. ebd.). Die Gruppe der Studierenden ist demnach ein sichtbarer Beweis für die Aufstiegsorientierung der Migrantengesellschaft (vgl. Karakaşoğlu-Aydın 2000: 102).

Zu kritisieren sind neuere wissenschaftliche Veröffentlichungen, die die Rekon-struktion subjektiver Chancen und eine differenzierte Betrachtungsweise von ver-schiedensten Bewältigungspotentialen der Bildungsaufsteigerinnen vernachlässigen (vgl. Hummrich 2002: 25).

Der Bildungserwerb ermöglicht nicht nur Ansehen und sozialen Aufstieg und damit auch individuelle Handlungsfreiheit, sondern bricht sowohl mit dem Bild der Zerrissenheit zwischen zwei Kulturen, als auch mit dem stereotypen Bild über tür-kische Frauen in der Öffentlichkeit. Karakaşoğlu weist auf die situationsadäquate Handlungskompetenz der Studentinnen innerhalb und zwischen den Optionen hin, die eine grundlegende Voraussetzung für eine aktive Teilhabe an der postmodernen Gesellschaft darstellt (vgl. Karakaşoğlu-Aydın 2000: 125). Das Handlungspotenzi-al der Bildungsaufsteigerinnen wird dadurch bewiesen, dass sie eine (implizite) Kritik am einseitigen Modernitätsideal üben und sich dadurch keine vorgeschriebe-ne Lebensweise aufoktroyieren lassen. Die Bildungsaufsteigerinnen eröffnen sich somit aktiv die Möglichkeit der Wahl zwischen mehreren denkbaren/vorstellbaren Lebensweisen und handeln in diesem Sinne „[...] nicht gegenmodern und nicht de-

fizitär [...]" (Hummrich in: Badawia et al 2003: 280), sondern verpflichten sich
einem Pluralitätskonzept, das die jeweiligen Möglichkeiten eines speziellen Hand-
lungsraumes aktiv nutzbar macht, ohne dass sie emotional wichtige Bindungen
aufgeben müssen (vgl. ebd.). Indem die Studentinnen die Schule und die Universität erfolgreich bewältigen, beweisen sie ihre Reflexions-, Kommunikations- und
Handlungsfähigkeit in der Gesellschaft.

3.3.2. *Familialismus*

Die Herausstellung des Individualismus als charakterisierendes Merkmal der deutschen Gesellschaft in Abgrenzung zu traditionalistischen Werten folgt einer Zwei-
teilung der Gesellschaften in solche, aus denen individualisierte Persönlichkeiten
heraustreten und solche, die Kollektivismus fördern und demnach familialistische
Persönlichkeiten hervorbringen, worunter besonders Menschen türkischer Herkunft
fallen.

Individualismus wird industrialisierten Gesellschaften zugeschrieben, „[...] während ein Mehr an Kollektivismus mit der Vorstellung einer nicht oder weniger industrialisierten und stärker traditionell organisierten Gesellschaft verbunden wird".
(Boos-Nünning/ Karakaşoğlu 2005a: 226)

Nauck erklärt sich die Verbundenheit von Familien mit Migrationshintergrund
und ihre höhere Übereinstimmung in Haltungen und Werten nicht aus der Herkunftskultur, sondern als einen von Migrationsbedingungen beeinflussten Entwicklungsprozess. Er konstatiert, dass Arbeitsmigrationsfamilien türkischer Herkunft im
Vergleich zu nicht migrierten Familien in der Türkei maßgeblich Kernfamilien-
statt Verwandten- und Freundeorientiert seien, woraus sich der Schluss ziehen
lässt, dass in diesem Falle nicht von Kollektivismus, sondern eben von Familialismus gesprochen werden sollte (vgl. Nauck 1997: 341). Die familiäre (Ein)Bindung
stellt einen bedeutenden Faktor in der Lebensplanung von Migrantinnen dar, der in
vielen Lebensbereichen einbezogen wird und auf ein enges und positiv bewertetes

Verhältnis zwischen Eltern und Töchtern schließen lässt. Auch Herwartz-Emden weist darauf hin, dass

> *„[...] die Familienmitglieder in Migrantenfamilien mehr übereinander wissen und mehr miteinander kommunizieren als vergleichbare deutsche Familien. Die Generationenbeziehungen sind keineswegs nur durch Zerrüttung oder schwerwiegende Konflikte charakterisiert, sondern durch ein hohes Maß an Unterstützung und gegenseitigem Respekt [...]"* (Herwartz-Emden 2000:19).

Familialistische Orientierungen werden jedoch in sogenannten modernen Gesellschaften degradiert, da davon ausgegangen wird, dass sie den für die Integration erforderlichen Zugriff von Institutionen auf das Individuum ver- und die Entwicklung zu einer eigenständigen Persönlichkeit behindern. Die Stabilitäts- und Schutzfunktionen des Familialismus werden in diesem Sinne nicht beachtet, sondern eher abgewertet. Wie schon erwähnt, kann Familie bei der Verarbeitung von Diskriminierungserfahrungen hilfreich sein und ist somit als unterstützendes Element für die Gestaltung des Lebens anzusehen, besonders des Lebens in einer Migrationssituation (vgl. Boos-Nünning/ Karakaşoğlu 2005a: 226).

Trotz allem kann und sollte dies natürlich nicht für alle Familien generalisiert werden, da ebenso Fälle existieren, in denen disfunktionale familiäre Strukturen und Forderungen vorherrschen. Diese Forderungen rufen dementsprechend unerträgliche Lebensbedingungen hervor, die nicht dem Wohl der Mitglieder, sondern „[...] dem Erhalt der familiären Einheit [dienen]" (Boos-Nünning/ Karakaşoğlu 2005a: 227).

3.3.3 Religiosität

Religiosität von Zugewanderten, hier insbesondere von Gruppen mit muslimischem Glauben wird häufig mit religiöser Starrheit oder gar mit Fanatismus verbunden. Diese Aussage wird durch den Vergleich zwischen deutschen Jugendlichen und Jugendlichen mit Migrationshintergrund bestärkt, wonach Jugendliche aus Migrantenfamilien eine stärkere religiöse Orientierung aufweisen (vgl. Boos-Nünning/ Karakaşoğlu 2005a: 228).

Es sollte jedoch darauf hingewiesen werden, dass zahlreiche ethnische und konfessionelle Zugehörigkeiten sowie unterschiedliche islamische Glaubensrichtungen existieren, und der Stellenwert als auch die Bedeutung der Religion in den einzelnen Familien sehr unterschiedlich ausgeprägt sein kann (vgl. Zentrum für Türkeistudien 1998).

Religion kann insofern eine bedeutende Rolle im Leben einnehmen, als sie in komplizierten Situationen stabilisierend sein, Selbstvertrauen und Stärke vermitteln oder auch identitätsstiftend wirken kann – dies gerade als Reaktion auf eine diskriminierend empfundene Umwelt.

Boos-Nünning/ Karakaşoğlu haben in ihrer Untersuchung erfahren wollen, ob die Befragten ihre Kinder auch nach ihren religiösen Grundsätzen erziehen würden. Muslimische, katholische italienischer und jugoslawischer Herkunft als auch Frauen mit griechisch- orthodoxem Glauben bejahten diese Frage und betrachteten diesen Wert damit für erhaltenswert, was vor dem Hintergrund einer Übereinstimmung mit der selbst erfahrenen elterlichen religiös geprägten Erziehung geschah. In ihrer Untersuchung zur muslimischen Religiosität und Erziehungsvorstellungen bei türkischen Lehramts- und Pädagogikstudentinnen kommt Karakaşoğlu zu dem Schluss, dass Religiosität als ein Erziehungsziel auf keinen Fall durch rigide Erziehungsmethoden durchzusetzen versucht wird (vgl. Karakaşoğlu 1999: 443).

Wenn also Modernisierung als eine Bejahung zu elementaren Ideen der Moderne wie gesellschaftlichen Pluralismus, das demokratische politische System und die Entscheidungsfreiheit der Individuen und Toleranz verstanden wird, so kann anhand der Aussagen der Befragten festgestellt werden, dass „[...] eine in allen Dimensionen von hoher Intensität und Reichweite geprägte religiöse Orientierung aus Sicht der Individuen keinen Gegensatz zu den genannten Ideen sein muss" (a.a.O.).

In der Migration gelebte muslimische Religiosität erweist sich demnach als sehr veränderlich und muss kein Kontrast zu gesellschaftlicher Integration bedeuten (vgl. ebd.: 442). Religiosität als eine Verpflichtung an Werte und Toleranz bezüglich anderer Religionen wie auch als eine Unterstützung in der Lebensorientierung und Lebensgestaltung stellt sich somit, zumindest für den Teil, der sich der Religion verbunden fühlt, als eine wichtige Ressource dar (vgl. Boos-Nünning/ Karakaşoğlu 2005a: 230).

3.3.4 Geschlechterrollenorientierungen

Generell lässt sich feststellen, dass Frauen türkischer Herkunft egalitärere, partnerschaftlichere Geschlechtsrollenorientierungen vertreten als Männer türkischer Herkunft (vgl. Boos-Nünning/ Karakaşoğlu 2005b: 242). Da die vorliegende Arbeit sich jedoch speziell mit Frauen und Mädchen beschäftigt, kann hier diesbezüglich nur auf weiterführende Literatur hingewiesen werden.[22]

Mutterschaft als ein Bestandteil weiblichen Lebenskonzepts darf nicht mit traditionellen Einstellungen verwechselt werden. Darauf weisen auch Gümen/Herwartz-Emden/ Westphal in ihrer Untersuchung zur Vereinbarkeit von Familie und Beruf bei Migrantinnen unterschiedlicher Herkunft hin: eine familienbezogene Berufsmotivation wirft hier demnach die Frage auf, was eigentlich ein „modernes" und ein „traditionelles" Frauenbild ist. Es stellt sich heraus, dass der westliche Modernitätsbegriff bei Migrantinnen *so* nicht übernommen wird und die Autorinnen in diesem Zusammenhang von der „[...] nichtwestlichen Modernität [...]" (Gümen et al 1994: 65) von Migrantinnen sprechen, da Frauen türkischer Herkunft sich als familienorientiert und dennoch modern bezeichnen. Modernität wird demnach mit der Möglichkeit einer Kombination von Erwerbstätigkeit und Familie begründet.

Nach Meinung von Ottens kommen die meisten qualitativen Untersuchungen zu dem Ergebnis, dass weibliche Angehörige der dritten Generation im Vergleich zu

---

[22] Vgl.: Apitzsch, U.: Besser integriert und doch nicht gleich. Bildungsbiographien jugendlicher Migrantinnen. Dokumente widersprüchlicher Modernisierungsprozesse. In: Rabe-Kleberg, U. (Hg.): Besser gebildet und doch nicht gleich. Frauen und Bildung in der Arbeitsgesellschaft. Bielefeld 1990.

deutschen Jugendlichen eine partielle Angleichung hinsichtlich der Bedeutung von Berufstätigkeit und des Vereinbarkeitswillens von Familie und Berufsleben erkennen lassen (vgl. Ottens 1998: 114). Sie führt ihren Beitrag zur Geschlechterrollen-orientierung türkischer Migrantinnen weiter aus mit dem Hinweis, dass auch unter deutschen Frauen und Männern polarisierte Geschlechterrollenvorstellungen existieren, die es in diesem Sinne zu beachten gilt. Schließlich weist sie darauf hin, dass Rollenvorstellungen nicht allein von der Herkunftsnationalität, sondern vor allem in Abhängigkeit von sozialer Herkunft und Bildung zu diskutieren seien (vgl. ebd.: 118).

Boos-Nünning/Karakaşoğlu bezeichnen die Vorstellung von Partnerschaft, Geschlechterrollen und die zukünftige Erziehung der eigenen Kinder als die persönlichsten, gleichzeitig aber für die Öffentlichkeit interessantesten Bereiche, da sie als zentrale Punkte für den Grad der Integration und damit für ihre Bereitwilligkeit, sich an Modellen der Aufnahmegesellschaft zu orientieren, gelten. Der Anteil der Mädchen, die konventionelle Geschlechterrollen im Sinne einer Problematisierung der Berufstätigkeit von Müttern und eine Ablehnung von Rollentausch befürworten ist in ihrer Untersuchung ebenso groß wie der Anteil derjenigen, die nicht-konventionelle Geschlechterrollen im Sinne einer partnerschaftlichen Ehe, Berufs-tätigkeit der Mütter und die Möglichkeit eines Rollentauschs in Erwägung ziehen. Dies geschieht vor dem Hintergrund, dass Kinder unter der Berufstätigkeit der Mütter leiden würden und aus diesem Grund das Wohl der Kinder vor den Berufs-wünschen der Mütter zu stellen sei. Insgesamt sind die Frauen und Mädchen in dieser Befragung jedoch der Meinung, dass Mann und Frau gemeinsam zum Haus-haltseinkommen beitragen sollen (vgl. Boos-Nünning/ Karakaşoğlu 2005b: 241 ff.).

Was die Erziehung der eigenen Kinder betrifft, möchte die Mehrzahl der Befragten ihre Kinder teilweise anders erziehen als ihre Eltern sie selbst erzogen haben. Dies trifft sowohl auf diejenigen zu, die von einer strengen elterlichen Erziehung ausgehen, als auch auf solche, die sich als liberal und liebevoll erzogen sehen (vgl. ebd.).

3.3.5. Selbstverortung

Ethnizität gilt als Schlüsselkategorie zur Beschreibung der Selbstverortung. Die Autorinnen weisen in diesem Zusammenhang auch auf frühere Studien hin (z.B. Polat[23]), in der die ausnahmslose Identifikation türkischstämmiger Jugendlicher mit Deutschland beziehungsweise den Deutschen eine Minderheitenposition darstellt. Polat kommt in der Untersuchung zu dem Schluss, dass die soziale Identität der befragten türkischstämmigen Jugendlichen deutlichen Veränderungen unterliegt. Zum einen identifiziert sich ein großer Teil der Befragten als türkisch, ein anderer großer Teil jedoch auch als bikulturell.[24]

Eine Hinwendung der Jugendlichen zu türkischen Gruppen ist aus der Fremd- und Selbstwahrnehmung im Sinne der Theorie der sozialen Identität zu erklären. Diese besagt, dass eine Identifikation mit der ethnischen Gruppe dann stattfindet, wenn die in diesem Falle türkische Identität als bedroht erfahren oder wahrgenommen wird, d.h. sobald Kategorisierungen und Bewertungen der Mehrheitsgesellschaft als feststehend erlebt werden. Dies ist als Resultat eines Intergruppenkon-

---

[23] Polat, Ü.: Die soziale und kulturelle Identität türkischer Migranten der zweiten Generation in Deutschland. Hamburg 1998. In dieser empirischen Studie wurde die Soziale Identität (nach der Theorie von H. Tajfel) türkischstämmiger Jugendlicher anhand von 306 Befragten untersucht. Ziel dieser Untersuchung war es, die soziale Befindlichkeit der Jugendlichen aus ihrer Wahrnehmung heraus zu beschreiben. Ergebnis dieser Studie war, dass sich etwa 56% der Befragten als eher türkisch (türkische Identität), 30% sowohl türkisch als auch deutsch (bikulturelle Identität) und 1% nur deutsch (deutsche Identität) identifizierten, wobei etwa 11% sich zu keiner der Identitätsgruppen zugehörig fühlten. Das zentrale Ergebnis war also, dass sich der Großteil türkisch fühlt. Ob diese Beobachtung auch in vorliegender (nicht repräsentativer) Untersuchung zu finden ist, wird sich im Laufe der Auswertung der Interviews im späteren Teil der Arbeit zeigen.

[24] Die Theorie der *sozialen Identität* ermöglicht es, die Identität eines Menschen in ihrer Dynamik und Relativität zu betrachten. Dies ist im Hinblick auf die Zuschreibung eines Identitätskonflikts bzw. einer Identitätsdiffusion bei Jugendlichen aus Migrantenfamilien dahingehend wichtig, als dadurch der attestierte Konflikt mit zwei Identitäten aufgrund der Konfrontation mit zwei Kulturen widerlegt werden kann. Tajfels (1978) Theorie ist deswegen bedeutend, weil sie die Identität in unmittelbarer Wahrnehmung von Menschen im Verhältnis zu ihrem Umfeld beschreibt. Dadurch kann Identität also in stetem Wandel erlebt werden, so dass die These einer feststehenden, statischen Identität falsifiziert werden kann. Jedes Individuum ist (theoretisch) somit in der Lage, soziale Gruppen zu wechseln und diesen entsprechende Identitäten anzunehmen, was hier als *soziale Mobilität* bezeichnet wird. Dadurch wird klar, dass die Identität nicht von Geburt an auf eine Identität festgelegt ist, wodurch sich das Gefühl von Zugehörigkeit auch ändern kann. „Identität, als Gegenstand der Wahrnehmung und Selbstverortung, enthebt sich somit prinzipiell einer Festlegung von Außen, eines Vergleichs und letztlich einer Bewertung."

flikts zwischen der dominanten (deutschen) Gruppe und der unterlegenen Minderheitengruppe anzusehen (vgl. Polat 1998).

Auch Boos-Nünning/Karakaşoğlu kommen in ihrer Untersuchung zu dem Ergebnis, dass unter den Befragten „[...] mit Blick auf ihre mindestens teilweise Orientierung als Deutsche, Europäerin oder Angehörige der Stadt aus der sie kommen, ein hohes Potential für bi-kulturelle bzw. transkulturelle Identifikationen [...]" existiert (Boos-Nünning/ Karakaşoğlu 2005a: 225).

Ein Großteil der befragten Mädchen und Frauen fühlen sich in der BRD wohl, allerdings auch in der eigenen Ethnie in Deutschland, wobei Mädchen und Frauen mit türkischem Hintergrund die Gruppe darstellen, die emotional am konsequentesten an Deutschland orientiert ist. Die starke eigenethnische Orientierung bei Mädchen/Frauen mit türkischem Hintergrund beschreiben die Autorinnen wie folgt: „Ihre Identifikation gilt weniger dem Herkunftsland der Eltern als vielmehr der eigenethnischen Gruppe und Familie in Deutschland." (Boos-Nünning/ Karakaşoğlu: 2005b: 332)

3.3.6 Selbst- und Fremdbilder

Otyakmaz hat die Selbst- und Fremdbilder junger Migrantinnen türkischer Herkunft in Deutschland untersucht und sie nach der Rezeption der von Deutschen aufgestellten Fremdbilder und die Auswirkung dieser auf ihre Lebenssituation befragt als auch versucht, die eigene Interpretation der Mädchen von kulturellen Normen nachzuzeichnen. Festzuhalten bleibt, dass alle Befragten gewissen elterlichen Normen gegenüberstehen, die sie jedoch in ihrer Intensität unterschiedlich bewerten. Diese Normen beziehen sich auf alltagsweltliche Bereiche wie Schule, Ausbildung, Kleidung, Freizeitverhalten, Freundschaften und gegengeschlechtliche Beziehungen. Generell kann festgestellt werden, dass das, was als verbindliche Norm erachtet, ob und welche Sanktionen beim Nichtbefolgen der Normen folgen, „[...] wie diese [Norm] interpretiert [...], ob sie als Handlungsimperativ gilt und welche Strategien im Umgang mit den Normen an [den] Tag gelegt werden, [...] von Subjekt zu Subjekt, von Familie zu Familie und von Eltern-Kind-Beziehung zu Eltern-Kind-Beziehung" sehr stark variieren, so dass eindeutige Aussagen nicht getroffen werden können (Otyakmaz 1999: 83).[25]

Sowohl Jugendliche aus Migrantenfamilien wie auch deutsche Gleichaltrige stehen in der Zeit des Heranwachsens gewissen elterlichen Normen gegenüber, die sie so nicht befürworten. Während aber der Abgrenzungsprozess von elterlichen Werten bei deutschen Jugendlichen als ein selbstverständliches Element der Pubertät angesehen wird, wird der Abnabelungsprozess bei Jugendlichen aus Migrantenfamilien gleich zu einem „Kampf der Kulturen" stilisiert, so dass eine Abgrenzung dieser Jugendlichen von elterlichen Werten als eine grundsätzliche Ablehnung der Herkunftskultur der Eltern gedeutet wird. Dass diese Mädchen sich in vielen Gesichtspunkten von der Elterngeneration distanzieren, ohne dies gleich als eine gesamtkulturelle Absage an die Eltern anzusehen, dass sie Neues mit Altem verbinden oder nebeneinander stehen lassen können, ohne „[...] dass ihre Entwürfe an einer [...] deutschen 'Normalbiographie' gemessen [werden]" (Otyakmaz 1999: 90), sollte nicht als Integrationshemmnis, sondern als etwas Neues aufgefasst und diese Leistung auch als solche gewürdigt werden.

Durch die erfragten Assoziationen zum Bild über die Gruppe türkischer Frauen, das bei den jungen Migrantinnen existiert und der individuell eigenen Rolle innerhalb dieser erschloss sich die grundlegende Frage der Untersuchung von Otyakmaz nach dem Selbstverständnis der Befragten. Hier kommt die Autorin zu dem Ergebnis, dass ein eher negativ konnotiertes Bild der „typisch türkischen Frau" vor-

---

[25] Otyakmaz (1999) unterscheidet hier drei Strategien, die kurz angeführt werden sollen: 1. Offene Strategie der Konfrontation. Normen werden nicht bei der Religion oder Kultur verortet und auch nicht als unumstößlich erlebt, so dass es zu Verhandlungsgesprächen und/oder -kämpfen kommt 2. Strategie der Heimlichkeiten, um die Welt der Eltern und die eigene, nach selbst gesetzten Prinzipien funktionierende Welt voneinander abzuschließen. Hier wird von einer prinzipiellen Verschlossenheit der Normen ausgegangen
3. Bei sehr autoritären Familienstrukturen werden keine aktiven Handlungsstrategien entworfen, so dass sich die Person einer kognitiven Umstrukturierung hingibt, d.h. dass elterliche Normen im Nachhinein „eingesehen" werden. Insgesamt kann man davon ausgehen, dass, je mehr das Problem

herrscht, was dahingehend zu erklären ist, dass die jungen Frauen das Bild des Herrschaftsdiskurses rezipieren und reproduzieren, um sich dann selbst davon abzugrenzen. (vgl. ebd.: 82). Und trotzdem weisen sie neben diesem auch ein wesentlich differenziertes Bild auf: sie versuchen sich von der älteren Generation abzugrenzen, indem sie sich als eine autonome und distinkte Gruppe von jungen Migrantinnen wahrnehmen. Unter Emanzipation und Veränderung verstehen sie keineswegs, so zu werden wie deutsche Frauen, sondern eher eine Abgrenzung von der eigenen Mutter. Ihre Zielvorstellung besteht somit nicht in der Assimilierung an deutsche Werte, da sie betonen, einen Teil der Werte und elterlichen Normen, die sie für erhaltenswert erachten, auch ihren Kindern zu vermitteln. Eine definitive Entscheidung über ihre ethnische/kulturelle Identität als nur Deutsche oder nur Türkin wird vom Großteil der Befragten abgewiesen. Es wird sehr deutlich, dass sich die Mädchen/Frauen die Akzeptanz ihrer Normalität und einen selbstverständlichen Umgang mit ihrem So-Sein erhoffen. Diese erwünschte Akzeptanz erfahren sie oft dadurch, dass sie sich in einem türkischen Freundeskreis bewegen, in dem der Explikationsdruck gegenüber deutschen Gleichaltrigen entfällt. Im Hinblick auf die Erfahrung mit Zuschreibungen von deutscher Seite sind allerdings weitere Formen mit dieser Problematik zu beobachten: die einen versuchen sich gegenüber Deutschen zu „erklären", um auf Verständnis zu stoßen, die anderen sind am Kontakt zu Deutschen generell nicht interessiert (a.a.O.: 88).

Festzuhalten bleibt, dass sich diese Frauen/Mädchen prinzipiell von ihrer Müttergeneration, von in der Türkei lebenden als auch von deutschen Frauen unterscheiden und implizit darauf hinweisen, dass sie Individuen sind, die einen differenzierten Blick verlangen.

---

außerhalb der Einflußsphäre einer Person verortet wird, desto mehr individuelle Konfliktlösungsmuster schwinden.

3.3.7. Interkulturelle Kompetenzen

„Sowohl für das Leben in der multikulturellen Gesellschaft als auch für das Aufwachsen in einem zusammenwachsenden Europa bedarf es interkultureller Kompetenzen." (Boos-Nünning/ Karakaşoğlu 2005a: 225) Unter dieser Kompetenz verstehen die Autorinnen eine aufgeschlossene und selbstreflexive Haltung im Hinblick auf andere Kulturen. Erleichtert wird der Erwerb dieser Kompetenz z.B.
durch das Bewusstsein über die eigene kulturelle Prägung von handlungsleitenden
Normen und Werten, die Bereitschaft zur Relativierung dieser, die Fähigkeit zur
Auseinandersetzung mit eigenen ethnischen Vorurteilen und zum Aufbrechen von
Ethnozentrismus, die Fähigkeit, mit Konflikten und Ambiguitäten umzugehen beziehungsweise diese auszuhalten als auch eine Befähigung zum Perspektivenwechsel. Menschen mit Migrationshintergrund sind in diesem Sinne nicht quasi-
befähigter dazu, verfügen aber dank ihres Aufwachsens in einer Migrantenfamilie
und Lebens im Umfeld einer ethnischen Minderheit über positive Voraussetzungen
zum Erwerb solcher Kompetenzen. Diese interkulturelle Handlungskompetenz als
gleichzeitiges Ergebnis der Sozialisationsbedingungen wird jedoch oft nicht
(an)erkannt (a.a.O.).

3.3.8 Lebenszufriedenheit und Zukunftsperspektiven

Aus der Untersuchung von Boos-Nünning/ Karakaşoğlu geht hervor, dass 32% der
befragten Mädchen türkischer Herkunft psychosomatische Beschwerden wie
Schlaf- und Konzentrationsschwierigkeiten aufweisen. In diesem Zusammenhang
ist es jedoch wichtig zu bemerken, dass die Beschwerden auch aus persönlichen
Krisen erwachsen können (Streitigkeiten in der Familie, Probleme in der partnerschaftlichen Beziehung, Zurückstufung in der Schule), die hier nicht als migrati-
onsspezifisch belastende Lebensereignisse, sondern eben als persönliche Krisen

erlebt werden. Doch trotz dieser Krisen sollte die Vorstellung einer *psychisch belasteten Generation* von Mädchen, die kaum Zukunftsperspektiven und Möglichkeiten zur aktiven Lebensgestaltung hat und deswegen ihrer Situation hilflos ausgeliefert ist, der Vorstellung weichen, die einem großen Teil der Mädchen in den Gestaltungsmöglichkeiten ihrer Lebenswelt Aktivität zuspricht (vgl. Boos-Nünning/ Karakaşoğlu 2005b: 351ff.).

Auch Otyakmaz kommt zu dem Schluss, dass die Mädchen sich sehr wohl dazu befähigt fühlen, ihren Werdegang beispielsweise durch Bildung, Beruf und finanzielle Unabhängigkeit selbst gestalten zu können. Nicht nur persönliche, sondern auch gesamtgesellschaftliche Veränderungsmöglichkeiten wie auch ein Wandel gesellschaftlicher Normen werden zudem durch einen Generationswechsel erkannt. Natürlich haben hierbei vor allem die individuellen Erfahrungen, die die Mädchen im Verwirklichen der eigenen Wünsche gemacht haben und/oder machen werden großen Einfluss auf die Einstellung, dass vorgegebene Normen individuell verhandelbar sind und eigene Ideen durchgezogen werden können. Werden diese Erfahrungen nicht gemacht, kann sich auch eine Situation für die Mädchen ergeben, die als nicht tragbar erfahren werden kann (vgl. Otyakmaz 1999: 88).

Zumindest ein großer Teil der Frauen/Mädchen ist nicht ausweglos in unerträglichen Situationen gefangen, sondern kämpft „[...] um ihren Platz in dieser Gesellschaft [...]" (ebd.: 91). Mit den ihnen zur Verfügung stehenden Ressourcen erschaffen sie ihr individuelles Lebenskonzept, wobei sie „[...] allerdings [...] immer wieder auf einen Alltag, in dem von deutscher Seite vorgegeben wird, es gäbe nur eine, die monokulturelle deutsche Lösung auf der Suche nach Möglichkeiten gesellschaftlicher Emanzipation [stoßen]" (ebd.: 91).

3.4. Zusammenfassende Bemerkungen zum theoretischen Diskurs

Wie dargestellt, hat sich (bis heute) ein stereotypes Bild von Mädchen und Frauen türkischer Herkunft durch und in der Wissenschaft wie auch Öffentlichkeit etabliert. Entweder wird ihnen ein Ausgeliefertsein und völlige Abhängigkeit attestiert oder man geht einen Schritt weiter und versucht ihnen durch in Erziehung und Bildung Tätige aus dieser Situation heraus und zur Emanzipation zu verhelfen. Diese Betrachtung ist in höchster Weise ethnozentrisch und undifferenziert, da die Vielfältigkeit der Lebenswelten und –entwürfe sowie die Handlungsaktivität der Frauen und Mädchen nicht beachtet, sondern unter einem generalisierendem Bild subsumiert werden. Es ist ein Perspektivenwechsel in der Wissenschaft wie auch in der Öffentlichkeit notwendig, mit dem folgende Aspekte einhergehen:

Die mit dem Migrationshintergrund verbundenen Sozialisationsbedingungen und vielfältigen Lebensorientierungen der Mädchen und Frauen sollten als Potential für die hiesige Gesellschaft und darüber hinaus auch für Europa angesehen werden, um so dem dichotomen Schema von Traditionalismus vs. Modernität zu entgehen und die Lebensorientierungen der Mädchen und Frauen als in sich vielfältig anzuerkennen. Das Plädoyer läuft in die Richtung, den Mädchen das Recht und die Möglichkeit einzuräumen, ihre eventuell anderen Vorstellungen, Orientierungen und individuellen Positionen und Erfahrungen verbalisieren zu dürfen, ohne dass sie dabei ihre Gleichstellung verlieren (vgl. Boos-Nünning/ Karakaşoğlu 2005a: 230).

Ebenso muss ihnen die Möglichkeit gegeben werden, die „[...] durch die Migrationserfahrungen der Eltern [und das] Aufwachsen in einer Migrationsfamilie [...] sowie durch ihre Eigen- oder Außendefinition als Fremde geprägte Sozialisation zu thematisieren [und] sich gegen eine [reduzierende] Stereotypisierung [...]" von Außen zu wehren. „Sie müssen Differenzierungen verlangen und differenziertes Verhalten fordern dürfen" (ebd.: 231). Ohne dem Herrschaftsdiskurs zu verfallen sollten demnach die Kenntnisse um Denk- und Verhaltensweisen von MigrantInnen und deren kulturelle und sozialstrukturelle Bedingungen erweitert werden.

Akbulut stellt in ihrer Studie zu türkischen Studentinnen an der FU Berlin heraus, dass die von ihr Befragten ein Bild des Widerstands gegenüber der üblich geltenden Opferrolle darbieten, indem sie diese Rolle keineswegs einfach akzeptieren, sondern sich durch ein starkes Selbstbewusstsein ausdrücken (vgl. Akbulut 1993: 254). Türkische Studentinnen sollten also als selbstbewusste Gestalterinnen ihres eigenen Lebens verstanden werden, gerade auch weil sie die zweifelsohne bestehenden vielfältigen Probleme im schulischen Bereich überwunden und nun (als Studentinnen) Zugang zu elitären Bildungsinstitutionen der Mehrheitsgesellschaft gefunden haben.

Die Interkulturelle Kompetenz eines beträchtlichen Teils der MigrantInnen im gesamtgesellschaftlichen Bereich sollte nicht vernachlässigt, sondern berücksichtigt und auch aufgegriffen werden, da es sich hierbei um Personen handelt, die meist zweisprachig aufgewachsen sind, sich in verschiedenen kulturellen Kontexten zu bewegen verstehen, also ihre Handlungskompetenz in diesen beweisen und die Fähigkeit besitzen, unter den Umständen von Diskriminierung, Stereotypisierung und Benachteiligung eine individuelle Identität zu entwickeln, ohne dabei in einen Identitäts-, Kultur- oder Generationenkonflikt zu geraten, aus dem kein Ausweg vorhanden zu sein scheint.

Im theoretischen Diskurs wurde versucht, den allgemein attestierten multiplen Konflikt, der seine Ursachen demnach in den Familienstrukturen und der Herkunftskultur dieser Mädchen und jungen Frauen hat und dem sie zeitlebens verhaftet seien, kritisch zu betrachten. Es sollte aufgezeigt werden, dass sich diese Konstatierungen aus einer ethnozentrischen beziehungsweise eurozentrischen Haltung heraus ergeben. Anhand der Interviews und der Auswertung dieser soll nun die eigene Definition der Frauen konkretisiert werden. Wie erleben und beschreiben diese Frauen ihre Situation als Angehörige der dritten Generation türkischer Herkunft selbst und wie gehen sie mit eventuell aus ihrer Lebenssituation erwachsenden Schwierigkeiten um ? Grundlegend soll der Blick auf die Gestaltung der individuellen Lebenswelten beziehungsweise Lebensentwürfe der Gesprächspartnerinnen gelenkt werden.[26]

---

[26] Ansätze/ Arbeiten, die die Heterogenität der Lebensentwürfe von Mädchen/ Frauen türkischer Herkunft thematisieren, sind vorhanden. Es bleibt jedoch die Frage, wie sich diese quantitativ darstellen und wie die Öffentlichkeit diese wahrnimmt. Einige solcher Arbeiten/ Untersuchungen (Boos-Nünning/ Karakaşoğlu; Hummrich; Otyakmaz u.a.) wurden in die vorliegende Arbeit mit einbezogen.

4. Methodische Herangehensweise[27]

Im nun folgenden Teil wird die Methode des qualitativen Interviews vorgestellt und die Auswahl begründet, um den Anspruch an die angewandte Methode und den theoretischen Hintergrund der vorliegenden Arbeit nicht isoliert voneinander zu betrachten. Durch eine Methode, die so wenig wie möglich vorgibt, soll erfasst werden, wie einzelne Personen ihre Lebenswelt im individuellen Kontext von „[...] Denken, Fühlen und Handeln [...]" (Otyakmaz 1995: 63) deuten und somit als normal empfinden.

4.1 Anspruch an die Methode des qualitativen Interviews

Der Anspruch, die Kontextgebundenheit der Befragten zu berücksichtigen lässt sich durch qualitative Forschungsmethoden gemäß des interpretativen Paradigmas nach Mayring einlösen, welches besagt, dass Menschen nicht fest nach kulturell etablierten Rollen, Symbolen, Normen und Bedeutungen handeln, sondern jede soziale Interaktion selbst als ein zu deutender Prozess zu begreifen ist, da der Mensch jede soziale Situation für sich interpretieren und sich über die Erwartungen bezüglich der an ihn/sie gestellten Rollenanforderungen und Zuschreibungen bewusst werden muss, um die Perspektiven, die er/sie hat, einschätzen zu können (vgl. Mayring 1990: 33). Als eines ihrer vornehmsten Ziele sieht das interpretative Paradigma die Genese (statt Prüfung) von Theorien unter wissenschaftlicher Kontrolle an (vgl. ebd.: 34ff.).

---

[27] Das Kapitel „Methodische Herangehensweise" ist im vorliegenden Text gekürzt und in seiner Gesamtlänge in der gleichnamigen Diplomarbeit (Gölbol, Y. (2006): Lebenswelten türkischer Migrantinnen der dritten Einwanderergeneration - eine qualitative Studie am Beispiel von Bildungsaufsteigerinnen, in der Bibliothek der Pädagogischen Hochschule in Freiburg i.Br.) nachzulesen.

4.1.1 Qualitatives Interview

Durch Anwendung des qualitativen Interviews wird eine Annäherung an die soziale Realität der Befragten mittels offener Verfahren ermöglicht, da qualitative Verfahren nicht mit standardisierten Interviews arbeiten wie die quantitative Forschung. Demnach existieren hier keine vorformulierten Antwortvorgaben, so dass die persönlichen Erfahrungen und Erlebnisse möglichst frei aus der Sichtweise der Befragten, die auch als ExpertInnen ihres Lebens bezeichnet werden können, Eingang in die Interviews finden. Ein weiterer Vorteil der offenen Befragung liegt in der prinzipiellen Möglichkeit des beiderseitigen (Forscherin und InterviewpartnerInnen) Nach- und Rückfragens. Im Gegensatz zur standardisierten Befragung, die vorzugsweise mit geschlossenen Fragebögen arbeitet, kann in einer offenen Befragung der individuelle Denkprozess der GesprächspartnerInnen geäußert wie auch erläutert werden. Für die vorliegende Arbeit wurde die Methode des leitfadengestützten, problemzentrierten Interviews gewählt.

4.1.2 Problemzentriertes Interview

Witzels Methode des problemzentrierten Interviews beinhaltet drei wichtige Kriterien, die im Folgenden kurz angeführt werden (vgl. Witzel 1982).

Die *Problemzentrierung* dient der Eingrenzung des Themenbereichs. Mit der *Gegenstandsorientierung* ist die objektive Herangehensweise der Forscherin am Forschungsinhalt gemeint. Die Forscherin sollte während des gesamten Prozesses offen für Veränderungen sein, da die am Anfang bestimmende theoretische Konzeption durch die Interviews modifiziert werden kann. Somit wird der *Prozessorientierung* Rechnung getragen.

4.1.3 Begründung der Auswahl des qualitativen problemzentrierten Interviews

„In der Konstitution einer Biographie sind die gesellschaftlichen Strukturen ebenso ausschlaggebend wie die individuellen Voraussetzungen, Motive, Selbstdeutungen und Eigentheorien. Durch die Anwendung biographischer Methoden wird die dualistische Betrachtung von Gesellschaft und Individuum durchbrochen und deren Wechselwirkung erfasst." (Rosenthal 1995 zit. n: Gültekin in: Badawia et al 2003: 82) Demnach bedingen gesellschaftliche Veränderungen auch biographische Veränderungen, so dass BiographInnen ihre Lebensgeschichte je nach strukturellen, gesellschaftlichen und individuellen Veränderungen durch Selbstreflexion und erneute Selbstdefinition rekonstruieren (vgl. Gültekin in: Badawia et al 2003: 81ff.).

In der vorliegenden Untersuchung wird zwar nicht nach der klassischen biographischen Methode nach F. Schütze (vgl. Schütze 1983) gearbeitet, dennoch fließen in die problemzentrierten Interviews biografische Aspekte mit ein, die es uns erlauben, einen Einblick in die Sichtweisen und subjektiven Perspektiven der Befragten zu gewinnen, also die Binnensicht der Akteure und ihre Beteiligung und Herstellung an sozialer Welt und Wirklichkeitsdefinition als auch ihre eingesetzten Muster in der Bewältigung des Alltags und ihrer Lebenszusammenhänge zu erfahren.

4.1.4 Instrumente des qualitativen problemzentrierten Interviews

Nach Witzel (vgl. Witzel 1982: 89ff.) bestehen die Instrumente dieses Verfahrens aus einem *Kurzfragebogen*, der die sozialen Daten (Alter, Familienstand etc.) der Befragten erfasst. Um das Gespräch zu strukturieren und dadurch den anschließenden Vergleich aller durchgeführten Interviews zu erleichtern wird mit einem offen gehaltenen *Leitfaden* gearbeitet. Das *Postskriptum* dient zur Erfassung der Eindrücke der Forscherin über die GesprächspartnerInnen (Gestik, Mimik) als auch der Interviewsituation. Die *Tonbandaufzeichnung* macht einen Zugriff auf das gesamte Material möglich; die daran anschließende *Transkription* der Interviews folgt einem bestimmten Verfahren.

Die *Auswertung* der vorliegenden Interviews lehnt sich an die qualitative Inhaltsanalyse nach Mayring an (vgl. Mayring 2002). Der Vorteil dieser Inhaltsanalyse besteht in der methodisch kontrollierten, sukzessiven Analyse des Materials, da es in Einheiten zerlegt, aufeinander folgend bearbeitet wird. Den Schwerpunkt dieser Analyse bildet hierbei das sowohl aus dem Leitfaden als auch am Material entwickelte Kategoriensystem, in dem diejenigen Aspekte festgelegt werden, die aus dem Material herausgefiltert werden sollen. Die Ausprägungen dieser Kategorien sind ausgewählte Textpassagen oder Aussagen der Befragten, die durch die interpretativen Techniken der Zusammenfassung, Exploration und Strukturierung herausgearbeitet und den Kategorien zugeordnet werden. Die fallübergreifende Generalisierung der individuellen Einzelinterviews dient dazu, eine Gesamtdarstellung typischer Fälle anhand der Kategorien zu erlangen. Auf dieser Stufe „[...] werden die Ergebnisse in Richtung der Hauptfragestellung interpretiert" (ebd.: 53).[28]

4.2 Bemerkungen zu methodischen Besonderheiten in der Untersuchung

Insbesondere bei mündlichen Befragungen wird die Validität häufig in Frage gestellt, da hier soziale, kulturelle und sprachliche Aspekte aufeinandertreffen und zu Fehldeutungen führen können. Um eine konstruktive Gesprächsführung zu gewährleisten, müssen neben einer methodisch kontrollierten Durchführung des Interviews folgende Aspekte während des Gesprächs berücksichtigt werden (vgl. Herwartz-Emden/ Westphal 2000 53ff.):

---

[28] Das eigene Vorgehen in dieser Arbeit wird in Kap. 4.3 näher erläutert.

- <u>Das nachträgliche Erzählen</u>

Durchlebte Erfahrungen und die Erinnerung an diese unterscheiden sich, da der Erzähler bei der Rekonstruktion seiner Vergangenheit maßgeblich selektiert, indem er/sie bestimmte Ereignisse besonders hervorhebt, um so den Prozess der Subjektkonstitution darstellen zu können. „Indem eine Person über ihr Leben erzählt, objektiviert sie Lebensereignisse, bringt sie in einen sinnvollen Zusammenhang und rekonstruiert ihr Sein und Gewordensein für die Zuhörerin, aber auch gleichzeitig für sich selbst." (Ricker 2000 in: Badawia et al 2003: 57)

Auch in der vorliegenden Arbeit wurden den Interviewpartnerinnen Fragen gestellt, die alle zeitlichen Dimensionen ihres bisherigen Lebens betreffen. Dabei haben sie vermutlich bedeutsame Aspekte ihres Lebens herausgegriffen, die eventuell umgedeutet, neu interpretiert und nachträglich reflektiert wurden.

- <u>Aufgedrängte Validität</u>

Geht die Forscherin mit unreflektierten Maßstäben und Begrifflichkeiten an eine Untersuchung heran, besteht die Gefahr der aufgedrängten Validität, die Herwartz-Emden/ Westphal so beschreiben, dass „[...] eine für Kultur A selbstverständliche Denkweise den Bezugspunkt und Maßstab für die Analyse der Kultur B setzt" (Herwartz-Emden/ Westphal 2000: 53). Um demnach einer unreflektierten und ethnozentrischen Analyse über andere Kulturen zu entgehen, ist es sinnvoll und unerläßlich, „einheimische" Dimensionen eines Begriffs zu untersuchen und die Kategorien oder Untersuchungsdimensionen kritisch zu überprüfen beziehungsweise sie zu erkennen, indem eine vertiefte Kenntnis der Kontextbedingungen der untersuchten Individuen, Gruppen oder Gesellschaften seitens der Forscherin angeeignet wird.

Das dieser Arbeit und der hier behandelten Thematik zugrunde gelegte Vorwissen ist zwar nicht in einem Expertenstatus positioniert, weil die Forscherin offen für Veränderungen und neue Informationen sein muss, da das Interview als ein wechselseitiger Vorgang verstanden werden soll. Dennoch kann eine vertiefte Kenntnis über bestimmte Kontexte vorgewiesen werden, wobei sich – zumindest in einigen Punkten – auch Gemeinsamkeiten zwischen mir als Forscherin und meinen Interviewpartnerinnen ergeben. Obwohl die Familienstrukturen und Sozialisations- bedingungen sehr vielfältig sind, kann man in diesem Falle zumindest davon aus- gehen, dass kulturspezifische Aspekte und o.g. „einheimische" Dimensionen er- wähnter Begrifflichkeiten von *allen Beteiligten* verstanden werden – eine Explika- tion seitens der Interviewten ist in dem Sinne nicht notwendig gewesen.

- Unterschiedliche Muttersprachen

Der sprachliche Aspekt beziehungsweise die Schwierigkeit der verschiedenen Mut- tersprachen hinsichtlich unterschiedlicher Möglichkeiten der Ausdifferenzierungen/ Bedeutungen/Betonungen/Symbolsysteme von Begriffen in den jeweiligen Sprach- systemen war in der vorliegenden Arbeit nicht gegeben, da alle Beteiligten (For- scherin und Gesprächspartnerinnen) der türkischen Sprache mächtig sind. Durch diesen Umstand ist die Gefahr einer falschen oder weniger zutreffenden Interpreta- tion der Aussagen geringer und die Befragten können Sprichwörter oder Begriffe – ohne Unterbrechung ihres Redeflusses – erwähnen, so dass diese von der Forsche- rin im spezifischen Kontext verstanden und übersetzt werden können.

- Die Interviewsituation

Im Interview sollte den Befragten die Anonymität und Vertraulichkeit zugesichert und eine Aufklärung über Sinn, Zweck und Gegenstand des Interviews, ohne je- doch eine „[...] Prädetermination des inhaltlichen Verlaufs" (Lamnek 2005: 401) zu provozieren, gegeben werden. Trotz aller Bemühungen ist eine Asymmetrie zwischen den Interviewpartnern nicht völlig aufgehoben und die Interviewerin hat großen Einfluss auf das Gespräch. Demnach ist es von großer Bedeutung, eine ver- trauensvolle und verstehende Beziehung zu den Befragten aufzubauen, um eine ungezwungene Situation und den Raum für freies Erzählen zu ermöglichen.

Während der Durchführung der vorliegenden Interviews konnte festgestellt werden, dass die Situation der Befragten mit der Situation der Interviewerin vergli- chen wurde. Aussagen wie „Das weißt Du bestimmt auch" oder „Vielleicht war es bei Dir genau so" wurden sowohl während als auch nach der Interviewsituation gemacht. Durch die daraus entstandene (nähere) Beziehung zwischen Forscherin und den Befragten und dem gemeinsamen Erfahrungshintergrund entfiel ein Erklärungsdruck. Und doch spielen sowohl das Aufnahmegerät, andere anwesende Personen und die Interviewsituation selbst eine Rolle bei der Hemmung oder Hervorbringung von Unsicherheiten, da dies keine alltägliche Situation darstellt. Die Forscherin muss bezüglich der Interviewsituation flexibel sein, die Befragten zu Wort kommen lassen, auf ihre Bedürfnisse variabel reagieren und situativ notwendige Veränderungen einleiten können. Empathie als Basis einer gelungenen Interviewsituation ist zwar gefordert, doch „[...] Machtverhältnisse lassen sich durch Empathie *nicht* [Hervorh. i.O.] aufheben. Sie lassen sich nur offenlegen, denn sie sind in den Diskurs- und Handlungsmustern, die im Interview erzeugt werden, wiederzufinden [...]" (Herwartz-Emden/ Westphal 2000: 54).

Die Befragten können aufgrund des gängigen wissenschaftlichen, aber mehr noch öffentlichen Diskurses unterschiedlich reagieren. Als Angehörige einer anderen Herkunftskultur und Religion stehen sie, wie im Theorieteil ausführlich dargestellt, im Mittelpunkt des Interesses. Die Stereotypisierung als Opfer rigider familiärer Erziehung kann die Befragten dazu veranlassen, sich entweder klar von diesen abzugrenzen, um die Zuschreibungen zu widerlegen oder aber den Herrschaftsdiskurs zu rezipieren und die diesem Diskurs immanenten Begriffe zu übernehmen, um dem Handlungszwang in einer für sie schwierigen Situation in gewisser Weise zu entkommen.

4.3 Eigenes Vorgehen bei der Datenerhebung

In diesem Teil der Arbeit möchte ich mein Forschungsvorgehen schildern und die Schritte der Entwicklung der Auswahlkriterien, das Auswählen der Interviewpartnerinnen, den Leitfaden sowie die Transkriptionsregeln, die in dieser Arbeit verwendet wurden, näher erläutern. Daran anschließend werden die einzelnen Phasen der dieser Arbeit zugrunde liegenden Auswertung dargestellt.

4.3.1 Kriterien zur Auswahl der Interviewpartnerinnen

Die Suche nach geeigneten Interviewpartnerinnen erwies sich als sehr schwierig und zeitaufwendig. Ursprünglich waren sechs Interviews eingeplant, die sich aber aus unterschiedlichen Gründen nicht durchführen ließen. Sicherlich erschwerten besonders die drei Auswahlkriterien (türkische Herkunftskultur, Student*innen*-status, Angehörigkeit zur dritten Generation) das Auffinden von sechs Interview-partnerinnen. Die Tatsache, dass nur Frauen befragt werden sollten, wurde auf-grund der im theoretischen Teil angeführten und besprochenen Aspekte schon näher ausgeführt.

Es wurden 4 junge Frauen im Alter von 23-25 Jahren befragt, die im Folgenden kurz vorgestellt werden sollen.

4.3.2 Interviewpartnerinnen[29]

Layla ist 23 Jahre alt und studiert außereuropäische Sprachen. Sie ist die Älteste von vier Kindern, die alle in Deutschland geboren wurden. Layla ist bisher die Ein-zige aus ihrer Kleinfamilie, die von zu Hause ausgezogen ist und studiert.

Havva ist 25 Jahre alt und studiert Anglistik und Islamwissenschaft. Sie hat zwei jüngere Geschwister; alle drei Kinder wurden in Deutschland geboren. Havva wur-de mit fünf Jahren zu ihrem Großvater in die Türkei geschickt, weil die Eltern kur-

---

[29] Alle Namen der Befragten wurden geändert und durch teilweise von ihnen selbst gewählte Pseu-donyme ersetzt.

ze Zeit später auch in die Türkei zurückkehren wollten. Mit zehn Jahren kam sie wieder zu ihren Eltern nach Deutschland, da diese ihre ursprünglichen Rückkehrpläne geändert hatten.

Melek ist 25 Jahre alt und studiert Lehramt mit den Fächern Mathematik und Biologie. Sie hat noch drei weitere Geschwister. Sie kam mit einem Jahr mit ihren Eltern nach Deutschland.

Sumru ist 24 Jahre alt und studiert Soziologie und Kunstgeschichte auf Magister. Ihre drei Geschwister und sie sind in Deutschland geboren, sie ist die Älteste unter ihnen.

Alle vier Interviewten wohnen nicht mehr im Elternhaus und studieren in anderen, entweder von den Eltern weiter weg oder nahe gelegenen Städten.

4.3.2.1 Interviewleitfaden

Der von mir erstellte Leitfaden[30] diente mir zur besseren thematischen Orientierung und Strukturierung des Gesprächs. Diese Strukturierung war auch beim anschließenden Vergleich der Interviews sehr hilfreich. Die offen formulierten Fragen sollten die verschiedenen Aspekte eines jeweiligen thematischen Bereichs vorbringen. Die Fragen unterstanden keiner bestimmten Reihenfolge, da sie sich dem jeweiligen Interviewverlauf angepasst haben und durch ergänzende Fragen teilweise verändert wurden.

Vor dem Hintergrund der im Theorieteil erläuterten Annahme, dass Migrantinnen türkischer Herkunft zahlreichen Konflikten aufgrund der untragbaren Situation im Elternhaus und der patriarchalischen Herkunftskultur unterliegen und ihnen jegli-

---

[30] Der Leitfaden ist im Anhang I zu finden.

che Handlungsaktivität und Veränderungsmöglichkeit von Seiten der Mehrheitskultur und zu einem großen Teil der Fachwelt abgesprochen beziehungsweise nicht
zugetraut wird, ergeben sich für die Interviews folgende Fragestellungen, in denen
grundlegend diejenigen Aspekte näher beleuchtet werden, die Aufschluss über ihre
bisher gestaltete und in Zukunft zu gestaltende Lebenswelt geben.

Wie haben die Frauen ihren bisherigen Lebensverlauf erlebt und wie beurteilen sie
ihre Erziehung im Rückblick ? Wurden sie mit Vorschriften konfrontiert und wie
gehen/gingen sie damit um ? Durch die Frage nach der Vorstellung der Erziehung
eigener Kinder soll herausgefunden werden, welche und wenn ja, warum Unterschiede zur eigens genossenen Erziehung vollzogen werden möchten.

Wie sehen sich die jungen Frauen selbst und wie denken sie, werden sie von ihrer Außenwelt gesehen ? Dadurch soll das Selbstverständnis der jungen Frauen aus
der 3. Generation erfragt werden.

Welche Bedeutung hat das Studium für die Befragten und wurden sie bei ihrem
Bildungswunsch unterstützt ?

Sind sie mit ihrer aktuellen Lebenssituation zufrieden und wie sehen die Zukunftsvorstellungen der Befragten aus ? Beinhalten diese Vorstellungen persönliche und/oder gesellschaftliche Veränderungswünsche ? Welche Aspekte erwiesen/
erweisen sich als positiv/negativ für die Gestaltung ihrer Lebenswelt ?

Mein grundlegendes Interesse erwächst an der Frage, wie der von mir befragte Teil
als Angehörige der dritten Generation, die also (zum größten Teil zumindest) hier
geboren und aufgewachsen ist, ihr Leben gestaltet, welche unterschiedlichen Reak-
tions-, Verarbeitungs- und Handlungsformen sie auf die Fremdzuschreibungen als
auch auf die an sie heran getragenen Normen gebraucht und welche individuellen
Handlungsstrategien dabei in ihrem Leben leitend sind/waren.

4.3.2.2 Erhebungssituation

Die Interviews wurden im Zeitraum September bis Dezember 2005 in deutscher Sprache durchgeführt. Drei Interviews fanden in meiner, eins in der Wohnung der Interviewpartnerin statt. Die zwischen 57 und 105 Minuten dauernden Gespräche wurden aufgezeichnet und anschließend wortwörtlich transkribiert, wobei Mimik und Gestik der Gesprächspartnerinnen während der Interviews von mir verbalisiert wurden, um in das Transkript einfließen zu können.[31] Das an unser Gespräch anschließende Postskriptum beinhaltete vor oder nach dem Interview stattfindende Aussagen oder Bemerkungen der Befragten sowie meine eigenen Eindrücke von der gesamten Interviewsituation. Zusammenfassend kann festgehalten werden, dass alle von mir Befragten am Anfang des Interviews relativ angespannt waren, weil sie nicht genau wussten, welche Fragen sie zu erwarten hatten. Auffällig war ebenfalls ihre Befürchtung, „falsche" Antworten zu geben. Nachdem ich das Thema der Arbeit näher erläutert und mein grundsätzliches Interesse an ihren Antworten bekundet habe, bemerkte ich eine gewisse Erleichterung bei den Interviewten. Es war ihnen ja freigestellt, ob sie auf alle meine Fragen antworten. Nach der erzählgenerierenden Eingangsfrage zum bisherigen Lebensverlauf hatte ich das Gefühl, dass sich die Atmosphäre lockerte und später gestalteten sich alle Gespräche sehr entspannt. Meine abschließende Frage zur Empfindung des Interviews bestätigte dies auch, da sie das Interview zum größten Teil als sehr interessant und als Anregung zum Nachdenken über sich selbst und ihr Leben wahrgenommen haben.

4.3.2.3 Die Auswertung des Materials

Die Auswertung des vorliegenden Materials im Sinne einer qualitativen Inhaltsanalyse nach Mayring (2002) wurde von mir hauptsächlich durch die o.g. Analyse-

---

[31] Der gesamte Gesprächsverlauf wurde nach den Transkriptionsregeln von Lucius-Hoene (1997) in stark vereinfachter Form transkribiert.

techniken der Zusammenfassung, Strukturierung und Explikation bearbeitet, die im Folgenden näher erläutert werden.

Die jeder Einzelauswertung vorangestellten Kurzbiographien dienten der Entstehung eines kurzen, ganzheitlichen Eindrucks der jeweiligen Befragten. Weiterhin bildeten sie eine Zusammenfassung des Materials gemäß dem ersten Schritt nach Mayring.

Nachdem das Gesamtinterview zu Anfang erneut durchgelesen wurde, um die Interviewsituation wieder präsent zu haben, erfolgte eine weitere Bündelung des Materials durch eine stichwortartige Zusammenfassung des Interviews.

Anschließend wurde bei jedem einzelnen Interview ein Kategoriensystem[32] angefertigt, wobei die im Leitfaden angesprochenen Themen(bereiche) als grobe Orientierung fungierten. Daraufhin wurde innerhalb jedes Interviews nach weiteren, von den Interviewpartnerinnen genannten Kategorien gesucht, so dass bei jedem Interview ein neugeneriertes Kategoriensystem entstand. Dadurch sind auch die vorzufindenden Abweichungen bezüglich der Kategorien in den verschiedenen Interviews zu erklären. Nachdem für jedes Interview ein Kategoriensystem erstellt wurde, erfolgte für jede Kategorie eine weitere stichwortartige Zusammenfassung, um so die wesentlichen Inhalte des Materials zu erhalten und den Schritt der Strukturierung nach Mayring zu gehen. Der nächste Schritt der Explikation erfolgte durch den Kontext des gesamten Interviews und die Erzählungen der Interviewpartnerinnen vor und nach unserem Gespräch.

Der stichwortartigen Zusammenfassung wurden dann belegende, kursiv gedruckte Zitate aus dem Interview zugeordnet, wobei teilweise Doppelnennungen von Zitaten nicht zu vermeiden waren. Diese Zitate gewährleisten eine eindeutige Zuordnung des Textmaterials zu den Kategorien.

Nachdem das Interview noch einmal nach eventuell vergessenen und wichtigen Textstellen einer Durchsicht unterlag, wurde die stichwortartige Zusammenfassung in einen ausformulierten Text überführt.

---

[32] Die gesamten Kategorien sind im Anhang II zu finden.

In einem nächsten Schritt habe ich subjektiv geprägte Vermutungen/Interpreta-
tionen an die Zusammenfassung angeschlossen, wobei ich mich um den Anspruch
einer möglichst vorurteilsfreien Interpretation bemühte. Zum Abschluss jeder Ein-
zelinterviewauswertung schloss sich eine kurze Zusammenfassung meines persönlichen Eindrucks über die Gesprächspartnerinnen an, um hierdurch ein Gesamtbild
der Person nach Auswertung des Interviews entstehen zu lassen. In einem letzten
Schritt wurde ein heraus-ragendes und die jeweilige Person bezeichnendes Zitat
aus dem Interview als Motto an den Anfang der Analyse gesetzt.

In der generalisierenden Analyse kamen die einzelnen Kategorien häufig in
mehreren Themenbereichen vor, da diese nicht nur einem Themenbereich zuzuord-
nen gewesen sind. In dieser abschließenden Analyse wurde versucht, die Verschiedenheiten und Ähnlichkeiten der in den Interviews gemachten Aussagen einander
gegenüberzustellen und anhand der am jeweiligen Interview entwickelten Kategorien vergleichend die Vielfältigkeit der Lebensentwürfe der Befragten darzulegen.

5. Vier Lebensentwürfe junger Migrantinnen türkischer Herkunft[33]

5.1 „Mir egal, was ihr denkt, ich mach mein Ding" – Havva

Havva (im Folgenden H.) ist in Deutschland geboren und hat zwei Geschwister (zwei jüngere Brüder), die ebenfalls in Deutschland geboren wurden. Mit fünf Jahren wurde sie in die Türkei zu ihrem Großvater gebracht, da ihre Eltern kurze Zeit später zurückkehren wollten. In der Türkei durchlief sie die fünfjährige Grundschule und kam mit zehn Jahren wieder nach Deutschland zu ihren Eltern, die ihre ursprünglichen Rückkehrpläne verworfen hatten. H. ist 25 Jahre alt, geschieden und studiert Anglistik und Islamwissenschaften. Sie lebt in einer Wohngemeinschaft.

Die Eltern stammen aus einem Dorf in der Türkei, die Mutter wohnt seit der Trennung von H.´s Vater mit ihren zwei Söhnen und dem neuen Ehemann in einem kleinen Ort in Deutschland. Die Mutter ist Arbeiterin, über den neuen Ehemann der Mutter und seinen Beruf wurden keine Angaben gemacht. Die Großmutter kam in den 70er Jahren ohne ihren Ehemann als Arbeiterin nach Deutschland und lebt seit zehn Jahren wieder in der Türkei.

Erziehung im Rückblick:

Im Vergleich zu ihren deutschen FreundInnen erlebt H. ihre Erziehung, speziell vom Vater ausgehend als sehr streng. Ihre Mutter sei ein „bisschen lockerer" gewesen. Sie betont, dass diese traditionelle Erziehung sie besonders während ihrer

---

[33] Im Gespräch entstandene Pausen werden durch drei Punkte, Auslassungen von Sätzen seitens der Interviewerin durch drei Punkte in eckigen Klammern kenntlich gemacht. Die wortwörtlich transkribierten Interviews sind in vollständiger Gesamtlänge in der gleichnamigen Diplomarbeit nachzulesen (Gölbol, Y. (2006): Lebenswelten türkischer Migrantinnen der dritten Einwanderergeneration. Bibliothek der Pädagogischen Hochschule Freiburg i.Br.)

Pubertät sehr stark belastet habe, da ihr außerfamiliärer Handlungsspielraum sehr eingeschränkt wurde:

> *„[...] ja, mein Vater war eigentlich sehr streng, also ich durfte wenige Sachen machen, also nicht so wie meine deutschen Freunde einfach ausgehen oder einen Freund haben, ich hab darunter gelitten, dass ich nicht so meine Pubertät ausleben durfte wie andere"*

Dabei kritisiert sie die Fremdbestimmung im Sinne einer Übernahme von Entscheidungen durch die Eltern. Individuelle Entscheidungen waren ihr bis zum bestimmten Alter nicht möglich:

> *„[...] aber ich denke, dass ich schon traditionell erzogen wurde, also bis zu 'nem bestimmten ... also bis ich vielleicht 16, 17 war, konnte ich nicht selber entscheiden, was ich will, also da war ich schon von Eltern gelenkt, haben mir schon gesagt, was ich zu tun hab"*

Erziehung eigener Kinder:
Zur Erziehung der eigenen Kinder bemerkt H., von ihren Eltern gemachte Fehler in der Erziehung nicht wiederholen zu wollen. Bildung wird als erstrebenswertes Gut angesehen, so dass hierauf und auf die Förderung der Talente/Fähigkeiten der Kinder viel Wert gelegt werden soll. Selbst erfahrene Normen und die elterliche Strenge möchte sie bei ihren Kindern unterlassen, vermutlich, weil diese als einengend erlebt wurden. Hier ist zu erkennen, dass H. elterliche Normen nicht als unveränderlich, sondern als modifizierbar ansieht.

> *„[...] patriarchalische Erziehung würde ich total abgrenzen, so halt ablehnen und ... ich würd sie auf jeden Fall nicht so ... sehr streng erziehen, wie jetzt meine Eltern das gemacht haben [...] aber ich denke mir, dass ich sehr viel Wert auf Bildung legen werde [...] halt ständig fördern"*

Es fällt auf, dass H. zuerst ein relativ abgeschwächtes Verb benutzt (abgrenzen), um im Verlauf ihrer Aussage eine deutlichere Position bezüglich einer patriarchalischen Erziehung der Kinder zu beziehen (ablehnen). Schwierigkeiten sieht sie dann aufkommen, wenn der Vater ihrer Kinder weder ein Deutscher bzw. in Deutschland aufgewachsener noch ein Türke bzw. in der Türkei aufgewachsener Mensch ist, da sie Probleme in der Vermittlung von kulturellen Werten bezüglich ihrer Kinder befürchtet, weil dann noch ein dritter Aspekt hinzukäme:

> *H:[...] es wird bestimmt ein Mischling werden, ich kann mir das gut vorstellen, dass es da schon Schwierigkeiten geben könnte ... also es wird schon verschiedene Kulturen in sich haben das Kind*
>
> *I: Und gehst Du davon aus, dass, wenn es mehrere Kulturen in sich hat, dass es dann schwierig wird für das Kind?*
>
> *H: Also es kommt drauf an, glaub ich, wo man lebt ... also wenn ich in Deutschland oder in der Türkei wohne, dann ist es, glaub ich, stabil [...] wenn ich hier bin, dann wahrscheinlich werde ich ein bisschen türkische Einflüsse in meine Erziehung rein bringen und wenn ich in der Türkei bin, dann eher deutsche Einflüsse [...] der Ort, an dem es aufwächst [...], also wenn es konstant ist, dann wird schon standhaft sein und mit der deutschen oder mit der türkischen Kultur identifizieren [...] wenn ich 'ne ganz andere Nationalität hätte als Mann ... ist es wieder ganz unterschiedliche Einflüsse, die dann reinkommen ... deutsch, türkisch, die beiden Einflüsse, die dann noch für mich einfacher zu handhaben sind, als jetzt noch ein dritter Einfluss"*

Sie erwägt, sowohl deutsche als auch türkische Einflüsse in die Erziehung mit einfließen zu lassen. Dies lässt darauf schließen, dass sie die jeweils selbst als positiv erlebten Einflüsse für wertvoll erachtet und diese weitergeben möchte. Auch sie sei mit multiplen Einflüssen aufgewachsen, was für sie wahrscheinlich kein identitätshemmender Aspekt, sondern relativ „einfach zu handhaben" war.

Elterliche Normen:

Mit zwei Normen, die sich durch Verbote kennzeichnen, wird H. konfrontiert: Dem Verbot gegengeschlechtlicher Beziehungen, mit dem eine Trennung zwischen den Geschlechtern vorgesehen ist und die Einschränkung der Freizeit im Sinne des abendlichen Ausgehens mit FreundInnen.

<u>Umgang mit Normen:</u>

Anfänglich sieht sie keine Verhandlungsmöglichkeit über die Bestimmungsmacht der Eltern. Ihre relative Hinnahme der elterlichen Autorität macht sie an einem Beispiel deutlich, in dem es um einen abendlichen Ausgang mit Freundinnen am Wochenende geht:

> *„[...] und die haben dann entschieden, ich durfte dann nicht, hab ich rebelliert und geheult und so, aber war nichts zu machen, ich durfte einfach nicht [...] hab dann einfach gedacht, ich muss das jetzt akzeptieren [...]"*

Doch ihre Akzeptanz geschieht nicht aus Überzeugung, sondern mit dem Wissen, dass sie ab ihrer Volljährigkeit nur noch nach eigenen Wünschen und Ideen leben/ handeln wird. Dies gibt ihr in dieser Situation vermutlich eine Hoffnung und die Perspektive der Veränderungsmöglichkeit dieser an sie gestellten Normen, d.h. Normen sind in ihren Augen demnach veränderbar. Diese Veränderungsmöglichkeit möchte sie nicht erst bei ihren Kindern nutzen, sondern schon bei sich anfangen. Im Prozess der Auseinandersetzung mit den Eltern gewinnen ihre individuellen Interessen demnach große Bedeutung und die Loslösung von der Fremdbestimmtheit durch die Eltern wird als eine Möglichkeit zur Bedürfnisbefriedigung gesehen. Bis zur Volljährigkeit befindet sich H. demnach in einer Wartezeit, die dann von ihr abgebrochen bzw. beendet wird:

> *„Aber ich wusste, dass wenn ich ein bestimmtes Alter erreich` [...] mit 18 bin ich volljährig, dass ich mich gegen alles anlehnen werde und mein Leben sozusagen so ausleben werde, wie ich's wirklich selber will, keiner mehr mir sagt, was ich zu tun hab und das war dann letztendes so [...] ich hab auf niemanden mehr gehört [...] also ich hatte wirklich nur das gemacht, was ich wollte."*

Bei ihren Autonomiebestrebungen und im Kampf um mehr Selbstbestimmung aktiviert H. eine Strategie der offenen Konfrontation und möchte ihr Handeln – in ihren Augen vollkommen legitim – nicht verheimlichen, sondern hartnäckig und offen durchsetzen. Sie entwickelt dabei eine selbstbestimmte Reaktionsform, denn durch eine Selbständigkeit und Verantwortungsübernahme bei individuellen Entscheidungen stellt sie ihre Mutter vor die vollendete Tatsache, einen Freund zu haben. Diese Auflehnung geschieht nicht nur im Zusammenhang mit gegengeschlechtlichen Beziehungen, sondern auch bezüglich ihren Plänen nach dem Abitur, also einem Zeitpunkt, an dem ein junger Mensch selbst über den weiteren Lebensverlauf entscheidet. H. entschließt sich für ein Auslandsjahr und zieht ihre Entscheidung entgegen dem väterlichen Verbot und ohne Möglichkeit einer Diskussion konsequent durch, von einer passiven Haltung und Auswegslosigkeit ist hier nichts zu erkennen:

> *„[...] ich will Aupair machen, war mein Vater immer dagegen, er wollt mir das verbieten und da hab ich gesagt 'es ist mir egal, was du denkst, ich werde es durchziehen, ich gehe einfach. "*

Nach der Scheidung ihrer Eltern geschehen die Auseinandersetzungen nun mehr mit der Mutter. Die intergenerationelle Kommunikation mit der Mutter wird in der frühen Phase als pubertätsbezogener Konflikt bezeichnet, in welchem die Ratschläge der Eltern bzw. in diesem Falle der Mutter einfach nicht ernst genommen werden. Es fällt auf, dass die Pubertät und kein kulturalistisches Erklärungsmuster hier als Legitimierung der Konflikte mit der Mutter gilt. In einer Art Rückblick reflektiert die momentane Beziehung zur Mutter:

> *„[...] aber ich war halt bisschen ähm wild in dieser Zeit und man hat gedacht, dass, was man gerade empfindet, ist richtig oder ... ich denke, man muss halt selber die Erfahrungen machen, um wirklich auch seine Meinung darüber zu finden, zu entscheiden [...] also ich wollt meine Meinung dann selber bilden über mein Leben. "*

Mit *Wildheit* verbindet sie intensive Emotionen und gefühlsgeleitete Handlungen, in der die Vernunft wahrscheinlich auf gewisse Weise aussetzt. Doch H. sieht darin nichts Negatives, da sie aus ihren Fehlern gelernt hat und sich keine Meinungen von Außenstehenden überstülpen lassen möchte. Die Ratschläge der Mutter kann sie erst im Nachhinein differenzierter sehen. Sie kommt zu dem Schluss, dass sich die Beziehung zur Mutter geändert habe, zum einen aufgrund der Tatsache, dass sie jetzt erwachsen ist und die volle Verantwortung für ihre Entscheidungen übernehmen kann und vermutlich auch will. Zum anderen auch, weil ihre Mutter sich verändert habe, indem sie offener geworden sei. Die Veränderung auf beiden Seiten wird hier mehr als deutlich. Die Offenheit der Mutter wird durch die Mischehe zu belegen versucht und positiv bewertet, da diese Öffnung auch H. mehr Freiraum verschafft:

> *„Sie steht hinter mir, egal, was ich mache, also es ist schön jetzt."*

Religiosität:

Religion spielt in ihrem Leben insofern eine Rolle, als sie sich diesem Thema ab einem bestimmten Alter selbst zuwendet. Ihr Vater wird als nicht-religiös bezeichnet, die Mutter sei zwar religiös, aber nicht besonders streng. In jungen Jahren wird sie vom Großvater dazu angehalten, eine Koranschule zu besuchen. Dies macht ihr Spaß, da sie arabisch lesen und schreiben lernt. Der in Deutschland lebende Onkel nimmt sie einige Male mit in die Moschee und versucht ihr einen traditionellen Kleidungsstil näher zu bringen, doch sie wehrt sich dagegen und bemerkt, dass selbst ihre Eltern nichts gegen ihren Kleidungsstil einzuwenden hätten. Sie versucht sich die Religion selbst anzueignen, da ihre Eltern sie hierin nicht unterweisen:

> *„Religion an sich war nicht lenkend in meinem Leben, also ich glaub, ich war eher selber religiös, z.B. hab ich mit 12 wissen wollen, wie man betet, das haben mir meine Eltern nicht beigebracht und bin dann hin, hab mir ein Buch geholt, wo das drin steht ... hab mir das dann selber beigebracht ... ich glaub, es war eher von mir aus, religiös zu sein"*

Ihre innerliche Motivation und ihr großes religiöses Interesse werden daran deutlich, dass sie mit 12 Jahren selbst aktiv wird, um sich mehr Wissen in diesem Gebiet zu erarbeiten.

Freundeskreis:

Der enge Freundeskreis besteht aus Leuten nicht-deutscher Herkunft. Die starke Intensität der Freundschaften begründet sie mit vergleichbaren Erfahrungs- und Sozialisationshintergründen als auch mit „Mentalitäten", wobei sie hier der *türkischen Kultur* mehr Nähe und einen stärkeren Gefühlsaustausch zuschreibt und sich somit von der anderen Gruppe abgrenzt, indem sie sich der Kategorie von Menschen zuordnet, die vergleichbare Lebenshintergründe aufweisen. Die soziale Identität wird in H.´s Wahrnehmung im Verhältnis zu ihrem Umfeld beschrieben. Diese ist jedoch kein abschließbarer Prozess, weil die Identität eines Menschen einem stetigen Wandel unterworfen und somit ein lebenslanger Prozess ist. In Abgrenzung dazu betont sie, dass es in ihrem Studium Deutsche gibt, mit denen sie „klar komme" und auch ihre Freizeit verbringe, jedoch greift sie bei der Beschreibung *der Deutschen* auf übliche Klischeevorstellungen zurück und grenzt eine interpersonale Intensität im Zusammenhang mit der deutschen Kultur entschieden ab, da ihr „die deutsche Kultur" zu verklemmt und „die Deutschen" zu distanziert seien:

> *„Sie wollen nicht so die Menschen an sich ranlassen [...] nicht warm genug. "*

Bild von Deutschen:

Direkt im Zusammenhang mit dem Freundeskreis tauchen erstmalig die Kategorien „deutsche/türkische Kultur" auf, die auch Klischee-belastet sind und es wird auf die kulturellen Erfahrungen rekuriert, die sie durch die Möglichkeit eines Vergleichs aufgrund eines längeren Aufenthalts in der Türkei und dem Leben in Deutschland machen konnte: Zum einen beschreibt sie ihre Erlebnisse auf der informellen Ebene, durch die sie Abstand und Kälte im Verhalten der Deutschen erkennt. Zum anderen lobt sie auf der formellen Ebene – mit bewusster Betonung, dass die nachfolgende Aussage sich nicht auf die Menschen beziehe – ihre Disziplin, Arbeitshaltung, Ordnung sowie den Gleichstellungsgedanken bezüglich der Geschlechter. Gleichzeitig betont H. ihren Widerwillen gegen Deutschland im Pubertätsalter und begründet diesen mit dem fünfjährigen, positiv erlebten Aufenthalt in der Türkei. Mit diesem Aufenthalt verbindet sie Idylle und Sorglosigkeit, dabei muss man aber bedenken, dass sie sich damals nicht in der Pubertät befand, sondern noch sehr jung und unbeschwert war. Es ist jedoch deutlich zu erkennen, dass sie durch regelmäßige Vergleiche und die Verfestigung ihrer „Persönlichkeit" die positiven und negativen Aspekte beider Länder in einer Art Waagschale selektiert und ihre vorherige Aussage bezüglich der Deutschen wieder revidiert bzw. relativiert:

> „[...] konnte ich sehr gut vergleichen und ich eigentlich gelernt, Deutschland zu schätzen und zu lieben und irgendwo auch die Menschen [...]"

Dies zeigt, dass sie auf ihrer Meinung nicht beharrt, sondern durch Erlebnisse/Erfahrungen versucht, zu differenzieren und vormalige Einstellungen zu überdenken.

Bild von Türkei – Türken:

H.´s Beurteilung folgt hier dem gleichen Schema: Positiv beurteilt sie den eher lockeren Umgang im Arbeitsleben: „[...] nicht immer so ganz ernst Arbeit, Arbeit, Arbeit" und einen herzlicheren Umgang der Menschen untereinander, negativ hingegen und im gewissen Widerspruch zur vorherigen Aussage eine gewisse Un-Ordnung:

> „[...] nach dem Studium [...] wollte ich nicht in einer türkischen Institution arbeiten, das ist für mich zu chaotisch [...], weil man diese deutsche Denkweise doch irgendwie in sich hat, hier aufgewachsen und man kommt mit der deutschen Arbeitssituation besser klar"

Auffällig ist, dass sie zuerst von sich persönlich spricht, wenn es um ihre Arbeitsvorstellungen geht, dann weist sie den persönlichen Aspekt zurück bzw. vergrößert den Radius und betont, dass „man" deutsche Denkweisen in sich hat. Durch diese Verallgemeinerung wird es somit, wenn nicht für alle, sodann für einen großen Teil von Migrantinnen türkischer Herkunft nachvollziehbar gemacht. Nach der Darstel-

lung positiver und negativer Aspekte bezüglich beider Länder zieht H. ein Resümee und bemerkt Vor- und Nachteile sowohl in Deutschland als auch in der Türkei. Dieses Gefühl ist jedoch nicht von absoluter Gewissheit begleitet und bleibt
durch die Aussage „hat beides *irgendwo* seine positiven und negativen Seiten"
ziemlich vage. Vermutlich kommt hier der Aspekt zu tragen, dass soziale Wirklichkeit immer von Widersprüchen gekennzeichnet und nicht durchgehend konsequent ist.

Bild von türkischen Männern in der Türkei:

Die Tatsache, dass türkische Männer aus der Türkei mit H.'s „zu liberalem" und
„offenen" Verhalten und ihrer Denkweise nicht zurecht kommen und sie sich an
den Freiheitseinschränkungen türkischer Männer stört, weil sie dadurch den Freiraum verkleinern, für den sie sich intensiv einsetzen musste und darüber hinaus,
eigentlich keine wesentlichen positiven Aspekte anmerkt, lässt vermuten, dass sie
mit türkischen Männern nur negative Eigenschaften verbindet. Dies geschieht wohl
auch im Hinblick auf eine mehrmonatige Erfahrung bzw. Heirat mit einem Türkei-
Türken, die in einer Scheidung endete.

Bild von der 3. Generation in Deutschland:

Das Bild von der 3. Generation junger Menschen in Deutschland geschieht anfänglich in Abgrenzung zur zweiten Generation und ist gleichzeitig differenziert, weil
sie die 3. Generation nicht homogenisiert, sondern in drei Gruppen unterteilt: die
religiös Erzogenen, die sich aufgrund ihrer sprachlichen und wohnlichen Isolierung
zusammentun und die:

> „stark religiös sind. Also die Kopftuch tragen und früh heiraten ... nicht viel weiter
> bilden und auch nicht studieren"

Diesen schreibt sie eine statische Unveränderlichkeit in ihrem Denken und Verhalten zu, weil sie meint, dass diese sich *„nicht mehr davon lösen kann und so bleibt, eigentlich"*

Des weiteren gäbe es eine Minderheit, die ein Abitur absolvieren und studieren.

Als dritte Gruppe nennt sie diejenigen, die ihre finanzielle Sicherheit als erstrebenswert ansehen und mit ihrem Leben zufrieden sind:

> *„eben ja, Hauptschule machen und eben Beruf haben, der dann ok ist ... es reicht ihnen, wenn sie Beruf haben und Geld in der Tasche"*

Hieraus wird deutlich, dass sie die Gruppe der Studenten, denen auch sie angehört, als diejenigen betrachtet, die mehr aus ihrem Leben machen und die mehr in Erwägung ziehen als nur finanzielle Sicherheit. Vermutlich geht es ihr durch ein Studium nicht nur um eine finanzielle Besserung/Sicherung, sondern auch um eine Art Selbstverwirklichung:

> *„manche sind vielleicht ehrgeizig und machen was aus sich"*

H. betont, dass man kein homogenes Bild der 3. Generation zeichnen kann, da die Menschen unterschiedliche Lebensziele verfolgen und ihre Planung sich auch dementsprechend unterscheidet.

Sie weist zudem indirekt darauf hin, dass die vorherrschenden Familienstrukturen und die sich daraus ergebenden Erziehungsvorstellungen und Sozialisationshintergründe sehr vielfältig sind. Und doch kann sie die 3. Generation in drei klar voneinander abgrenzbare Gruppen unterteilen. Durch diese Unterteilung kann sie sich vermutlich einfacher orientieren und ihren Standpunkt beziehungsweise Standort besser einordnen.

Selbstverortung:

Die Tatsache, dass sie einige Jahre ihres Lebens in der Türkei verbracht hat, lässt sie im Nachhinein viel über ihre persönliche Verortung nachdenken:

> *„Also ich weiß, sind meine Wurzeln dort [in der Türkei – Y.G.] und ich werde niemals meine Wurzeln verleugnen. "*

Hier greift H. zur pathetischen Metapher, um die Bewusstheit ihrer ursprünglichen Herkunft für sich als auch für die Zuhörerin sehr deutlich zu machen. An anderer Stelle erwähnt sie, dass sie ein Mensch zweier Kulturen sei. Die Selbstverortung durchzieht das gesamte Interview mit verschiedenen Aspekten: für die Türkei-Türken sei sie zu „untürkisch" und zu liberal, „das standhafte Bild von Frau im Kopf" in der Türkei erlebe sie als freiheitseinschränkend, weil sie sich „an diese Freiheit in Deutschland als Frau" gewöhnt habe. Mit den Vorstellungen von Türkei-Türken über Frauen assoziiert H. Unfreiheit und Einengung, die sie für sich nicht akzeptieren kann. Sie erwähnt deutsche und türkische Einflüsse, mit denen sie besser umgehen kann als noch mit einem dritten Einfluss. Auf meine diesbezügliche Nachfrage hin, ob es für sie immer einfach ist, sagt sie:

> *„Ähm ja, also...manchmal ist es nicht so einfach...weil ich merke schon, dass ich sehr stark eben durch das deutsche Denken geprägt bin [...] einfach vieles sehr deutsch in meinem Kopf abläuft [...] "*

Es fällt auf, dass sie sich durch eine Kritik oder Außenzuschreibung von türkischer Seite als deutsch bezeichnet und somit unter eine Kategorie fällt, die sie sich nicht selbst ausgesucht hat. Gleichzeitig erweitert sie diesen Gedanken noch mal, reflektiert erneut ihre Situation in Deutschland und setzt sich intensiv mit in ihren Augen kulturspezifischen Einflüssen auseinander, wobei sie eine klare Vorstellung davon hat, was *richtig deutsch* ist:

> *„Wenn ich Deutschland äh mit Deutschen zusammen bin, dann äh...ist es eigentlich eher angenehm [...] klar empfinde ich dann manchmal so, wenn wir jetzt so in die deutsche Kneipe gehen [...] also richtig deutsch, jeder mit einem Bier in der Hand,*

Stammtisch [...] fühle ich mich schon manchmal als Außenseiter, also man kann dann mit den Gesprächen nichts anfangen und mit den Stimmungen [...] aber...es geht, also ich finde, das andere ist für mich extremer, was ich in der Türkei erlebe, diese Freiheitseinschränkung [...] wie sich eine Frau zu verhalten hat, das ist für mich eher schwierig umzugehen...als das mit der deutschen Kultur."

Sie relativiert ihre Außenseiter-Position in Deutschland jedoch dahingehend wieder, als sie die von türkischer Seite sie in ihrer Persönlichkeit und in ihrem Verhalten einengenden/einschränkenden Aspekte als viel negativer empfindet. Eine kategorische Verortung in entweder deutsch oder türkisch findet hier nicht statt und lässt die Vermutung zu, dass sie sich mit beidem identifiziert.

Selbstbild:

Sich selbst bezeichnet H. als einen Menschen, der erst mal alles im Leben ausprobieren muss, bevor sie sich für den nächsten gültigen Schritt entscheidet und von dem sie dann überzeugt ist. Schon ihr Umgang mit den elterlichen Normen gibt interessante Hinweise auf ihr Selbstbild. Sie erkundet das Leben in allen Bereichen – ohne sich von Außenstehenden beeinflussen zu lassen – bevor sie etwas konsequent durchzieht, wodurch sie ein breites Interesse und einen gewissen Erfahrungshunger aufweist. Dies belegt sie mit ihrem Lebensabschnitt nach der Schule, in dem sie zuerst ein Auslandsjahr absolviert, danach ein Jahr an einer Universität studiert, dies verwirft und einige Monate in der Türkei jobbt, sich hiernach an einer Berufsakademie einschreibt, was sie wiederum abbricht, um dann endlich das zu studieren, was sie für das Richtige hält. Ihre bisherige Laufbahn ist von vielen Brüchen gekennzeichnet, die sie jedoch vermutlich noch mehr antreiben und ihr Kraft spenden, anstatt sie resignieren zu lassen. Sie beweist dadurch ein hohes Maß an Flexibilität und viel Mut für neue Schritte, die sie auch alleine geht. Weiterhin handelt sie nach ihren eigenen Regeln und setzt alles daran, ihre Ziele zu verwirklichen. Von ihren Eltern lässt sie sich ab der Volljährigkeit keine Entscheidungen mehr ab- bzw. vorwegnehmen, sondern vertritt sehr konsequent ihre eigene Position. Dies kann sie sich auch deshalb leisten, weil sie aufgrund ihres Nebenjobs finanziell immer unabhängig bleibt.

Durch die oben dargestellten Phasen/Stationen ihres Lebens beweist sie ihre Handlungsfähigkeit in vielfältigen sozialen Kontexten.

Es fällt auf, dass das Selbstbild H.'s nicht über einen Vergleich mit gleichaltrigen Mädchen, sondern nur durch den Vergleich mit ihren Brüdern konstruiert wird. Lediglich zu Anfang benennt sie „das typisch türkische Mädchen" als eine Person, die nicht aktiv wird, sondern im elterlichen Haushalt, speziell bei der Mutter verbleibt. In Abgrenzung zu und Nutzung durch das Klischee des „typisch türkischen Mädchens" passt sie nicht mehr in dieses hinein und kann somit als selbstbewusste junge Frau erscheinen. Die Unterschiede zu anderen türkischen Mädchen werden lediglich erkannt, um die eigene Orientierung einfacher bestimmen zu können.

Persönliche Motivation zum Studium:
Grundsätzlich weist H. eine sehr starke Leistungsmotivation auf, die durch ihr unermüdliches Streben nach einem guten universitären Abschluss bestärkt wird. Die Motivation zum Studium spricht sie ihrem Ehrgeiz und der Aussicht auf eine bessere berufliche Chance und gesellschaftliche Teilhabe zu, da sie die Möglichkeiten, die ihr durch die Beherrschung zweier Sprachen und die schulische Laufbahn in Deutschland gegeben werden, nutzen und keine simple Arbeit wie ihre Eltern oder Verwandten verrichten möchte. Demnach nimmt sie die Bildungschancen wahr und erwähnt mehrmals ihr Bestreben, aus ihrem Leben etwas zu machen, was sie auch in der Beschreibung ihrer bisherigen Schullaufbahn eingehend verdeutlicht, da sie die Grundschule in der Türkei absolviert, nach der Rückkehr nach Deutschland die deutsche Sprache erlernt und an den Hauptschulabschluss einen Realschulabschluss anhängt, um dann noch das Abitur zu machen:

„[...]und ich denke mir, dass ich halt irgendwie...einen Trieb oder ein Ehrgeiz in mir war immer, was besseres aus mir zu machen, also das war eben...Hauptschule, aber das war für mich nicht gut genug [...]"

Das Motivations- und Handlungsmuster „etwas besseres aus sich" zu machen, und eine gewisse Aufstiegsorientierung, um einer einfachen Arbeit zu entgehen, führen H. ebenso zum Studium wie die Möglichkeit der Ausübung einer interessanten Tätigkeit. Durch die schon erwähnte, sich hierarchisch steigernde Schulkarriere wird die zielstrebige Verfolgung eines Hochschulstudiums sehr deutlich:

„Hmh, also...manche sind vielleicht ehrgeizig und machen was aus sich...manche sind einfach zufrieden [...]"

Vermutlich erreichen die *Zufriedenen* in diesem Falle nicht das Stadium, in dem sie sich befindet, um sich selbst aktiv verwirklichen zu können.

Elterliche Bildungsaspiration:
Ihr Vater habe sie nicht direkt zum Studium bewegt, sondern sie *nur* dazu angehalten, etwas in ihrem Leben zu erreichen, wobei sie kritisiert, dass er „nicht so dahinter gestanden ist". Ihre Mutter legt Wert darauf, dass sie schnell finanziell unabhängig wird, was in ihren Augen durch eine Ausbildung schneller zu ermöglichen ist als durch ein Studium:

Doch H. betont, dass ihr die klassische Zukunftsplanung ihrer Mutter missfiel und erwähnt die unterschiedlichen Vorstellungen von Mutter und Tochter bezüglich der Zukunft:

„[...] aber das war nicht so meine Welt [...] ich wollt eher mich selbst, also mein Individuum verwirklichen, wie jetzt so finanziell unabhängig sein, hab gedacht, das kann ich auch so, wenn ich studiere, das war mir dann wichtig so, meinen eigenen Weg zu gehen."

Demnach existieren zwei Welten: in der mütterlichen Welt kann sie sich nicht richtig entfalten, in ihrer persönlichen Welt ist die Möglichkeit zur Entfaltung der Individualität gegeben.

> „[...] sie war eher skeptisch und dann hab ich gesagt 'Nein, Mama, ich weiß, dass mich das glücklich macht', also das Studium und ähm...sie ist dann auch hinter mir gestanden, als ich dann auch diese Entscheidung gefällt und durchgezogen hab [...] sie wollte eigentlich eher, dass ich glücklich bin mit dem, was ich mache."

Die Verwirklichung ihres Selbst und des Zustands der Zufriedenheit erhofft sie sich demnach durch ein Studium bzw. durch das permanente Weitersuchen und endgültige Auffinden ihres Traumberufs.

Individueller Partnerwunsch:

Ihr Partnerwahlverhalten habe sich im Laufe der Zeit und aufgrund gesammelter Erfahrungen gewandelt. Mit 19 Jahren hat sie ihren ersten Freund, den sie nicht verheimlicht, sondern von dem sie ihrer Mutter berichtet und vor vollendete Tatsachen stellt. Der ursprüngliche Wunsch, mit einem Muslim oder „Orientalen" zusammen zu sein und so den erwünschten Bezug zu ihrer kulturellen Herkunft hat ist der Möglichkeit, auch mit einem Nicht-Moslem zusammen zu sein, gewichen:

> „[...] dann hab ich aber in dieser Zwischenzeit so schlechte Erfahrung gemacht, dass ich denke mittlerweile ähm, dass ich mit 'nem Deutschen vielleicht auch sehr gut klar kommen könnte."

Ein eher negatives Bild zeichnet sie von den türkischen Männern der 3. Generation in der BRD.

> „[...] also sie sind irgendwo sehr narrow-minded [...] die ganze Familie kommt aus einem Dorf und sie sind sehr patriarchalisch erzogen, dieses Macho-Sein ist auch tief in ihnen und sie sind nicht wirklich liberal, würd' ich sagen. Auch wenn sie hier studieren, sind schon eben dominant in ihrem Verhalten, das mag ich überhaupt nicht [...]"

Generell werden die Deutschland-Türken als mögliche Partner abgelehnt, ebenso Türkei-Türken, da sie durch ihre Erlebnisse mit diesen einen Kulturkonflikt aufkommen sieht, der jedoch nicht bei ihr, sondern bei den Türkei-Türken verortet wird:

> H: *„Da wiederum hab ich auch wieder diese Konflikte gemerkt, dieses Kulturkonflikt, weil ich wiederum zu deutsch bin"*
> I: *„Für ihn?"*
> H: *„Ja, für ihn, für einen Türkei-Türken sozusagen [...] gab's immer Problem."*

Sie kommt zu dem Schluss,

> *„[...] dass ich vielleicht mit einem Europäer besser klar komme, der sich sozusagen für den Orient interessiert, vielleicht so einen Bereich studiert oder sich mit einem arabischen Land oder Türkei befasst".*

und gibt damit zu erkennen, dass ein gewisses Vorverständnis bezüglich kultureller Eigenheiten, Werte und Normen seitens des Partners für sie von großer Bedeutung sind. Damit würde sie bestimmte Aspekte als selbstverständlich voraussetzen, die dann auch keiner Erklärung oder gar Rechtfertigung mehr bedürfen. Das grundsätzliche Problem sei jedoch, überhaupt einen geeigneten Partner zu finden, da sich die Wahlmöglichkeiten durch ihren selbst gesetzten Anspruch für sie verringern.

> *„[...] jemanden zu finden, der aus dem gleichen Standpunkt heraus ähm, also de gleiche, also ähnliche Lebenslaufbahn hat und eigentlich ähnlich denkt und ähnlich sich verhält, das ist sehr schwierig."*

Sie ist sich dieser Schwierigkeit bewusst und gibt dennoch nicht die Hoffnung auf. Wenn der richtige Mann ihres Lebens gefunden ist, wird sie ihn in ihrer Lebensplanung auch mit berücksichtigen.

> *„[...] je nachdem, wo ich dem Mann meines Lebens begegne, wo ich dann auch meine Familie gründen will, dort werde ich leben."*

Elterliche Partnerwahlvorstellungen:

Ihre Mutter hat keinen Einfluss mehr auf das Partnerwahlverhalten der Tochter, wohl auch, weil sie durch ihre Hartnäckigkeit in vielen Bereichen des Lebens bewies, dass sie sich nichts mehr vorschreiben lassen wird:

> *„[...] dieser Einfluss war vorbei, als ich so...19, 20 war. Also da habe ich dann...ich hab dann einfach gemacht, was ich wollte."*

Aktuelle Lebenszufriedenheit und Zukunftsvorstellungen:

Ihre aktuelle Lebenssituation erlebt sie als sehr zufriedenstellend, da sowohl ihre Wohngemeinschaft, ihr derzeitiges Studium, die Beziehung zur Mutter und zum Stiefvater als auch ihr allgemeines Wohlbefinden positiv bewertet werden. Ihre nächsten Zukunftsvorstellungen zielen auf ihre berufliche Karriere ab: sie möchte Praktika im Ausland absolvieren, ihr Studium so schnell wie möglich abschließen, um dann ihren Beruf ausüben zu können. Obwohl sie eigentlich ihren Beruf in der Türkei ausüben möchte, kann sie sich mittlerweile auch vorstellen, dies in Deutschland zu tun. Befragt nach ihrer Vorstellung zum Arbeitsleben, hat sie konkrete Vorstellungen:

> *„Also ich will schon mit Deutschen arbeiten, das ist mir wichtig, z.B. Goethe-Institut oder so. Mit Türken ist, also man kommt schon klar, aber es ist doch anders, weil man diese deutsche Denkweise doch irgendwie in sich hat, hier aufgewachsen und man kommt mit der deutschen Arbeitssituation besser klar [...]"*

Nach dieser Einordnung richtet sie den Blick auf ein zukünftiges familiäres Zusammenleben, das mit einer für sie scheinbar selbstverständlichen Doppelorientierung im Sinne einer Vereinbarkeit von Familie und Beruf einher geht.

Insgesamt macht Havva den Eindruck, dass sie durch ihre Hartnäckigkeit gegenüber ihren Eltern und anderen Außenstehenden als auch durch ihren intensiven Wunsch nach mehr Selbstverwirklichung und Selbstbestimmung einen Punkt in ihrem Leben erreicht hat, der ihr einen Rückblick in die Vergangenheit erlaubt. Sie fällt als eine Person auf, die sehr selbstsicher und mit ihrem Leben sehr zufrieden ist. Für das Erreichen dieses Zustands war eine gewisse Aktivität i.S. einer Handlungsfähigkeit und Reflexionsfähigkeit notwendig, der sie sich bewusst hingegeben hat und die sie nicht in Widersprüchen hat verharren lassen. Im Gegenteil: ihre Wünsche und individuellen Ziele wecken in ihr den Ehrgeiz und den Trieb, etwas aus sich zu machen. Trotz einiger Enttäuschungen im Leben (z.B. die vorschnelle Heirat, die in einer Scheidung endet) bereut sie ihre Entscheidungen nicht, da sie aus den Erfahrungen lernt und die Verantwortung für falsche Entscheidungen tragen möchte.

Grundsätzlich erweckt Havva den Anschein, alles Erreichte in ihrem Leben selbst in die Wege geleitet zu haben, ohne von jemandem abhängig gewesen zu sein. Sie ist sich ihrer Durchsetzungskraft sehr wohl bewusst und nutzt diese Energie auch in ihrem weiteren Leben, um ihre Pläne verwirklichen zu können.

5.2 „Weil ich diskutieren musste ohne Ende" – Layla

Layla ist in Deutschland geboren und hat drei Geschwister (zwei Schwestern, einen Bruder), die ebenfalls in Deutschland geboren wurden. Sie wohnt seit Beginn des Studiums in einer Wohngemeinschaft. Ihre Eltern stammen aus einer Kleinstadt in der Türkei und wohnen mit den Geschwistern in Deutschland ebenfalls in einer Kleinstadt. Die Mutter ist seit kurzem Hausfrau, der Vater ist Arbeiter. Ihre Groß-eltern kamen in den 70er Jahren nach Deutschland und leben noch immer hier. Layla ist 23 Jahre alt, ledig und studiert Sprachen. Teil ihres Studiums waren zwei mehrmonatige Auslandsaufenthalte, von denen sie heute noch sehr schwärmt.

Erziehung im Rückblick:
Grundlegend merkt L. an, dass sie eine glückliche Kindheit hatte. Dennoch wird die elterliche Erziehung im Rückblick als von Verboten geprägt gesehen, wobei diese im Nachhinein als Ängste der Eltern „vom richtigen Weg abzukommen" be-zeichnet werden und von ihr zu verstehen versucht, da sie feststellt:

> „[...] damals konnte ich's nicht begreifen, die mussten uns diese Verbote irgendwie auferlegen, weil sie es selber nicht besser wussten."

Dadurch nimmt sie ihre Eltern gewissermaßen in Schutz, und zwar vor sich selber als auch vor Außenstehenden. Sie rechtfertigt das elterliche Denken und Handeln, indem sie darauf verweist, dass ihre Eltern viel strenger (als sie selbst) sozialisiert wurden.

In Abgrenzung zur Erziehung von anderen türkischen Mädchen sieht sie ihre Erziehung und damit auch ihre Eltern allerdings als liberal(er) an, da andere Eltern strenger als ihre Eltern seien, weil sie ihre Töchter durch rigide Erziehungsvorstel-lungen unterdrücken würden. Resümierend kommt sie zu dem Schluss, dass ihre Erziehung von unzähligen Diskussionen begleitet wurde, da sie in Auseinander-setzung mit den Eltern – nach eigenen Angaben – vieles erkämpfen und sich immer wieder durchsetzen musste. Auffällig ist, dass der Begriff „erkämpfen" und „Kampf" recht häufig in Verbindung mit ihrer Kindheit und Jugend verwendet wird, wobei im weiteren Verlauf des Interviews auch deutlich wird, dass es sich gelohnt hat, da sie durch ihren *Kampfgeist* demnach das gewonnen hat, was sie heute für sich sowohl bereichernd und positiv erlebt als auch für ihr Leben als wichtig erachtet.

Dadurch, dass sie ihren Eltern im Laufe der Zeit und des Erwachsen – Werdens beweisen konnte, dass sie ihr vertrauen können, stellt sich eine in ihren Augen positive Veränderung der Eltern dahingehend dar, als diese ihr nun den größten Teil von Entscheidungen selbst überlassen.

Geschlechtsspezifische Erziehung:
Mit zwei Hinweisen während des gesamten Interviewverlaufs auf ein traditionelles elterliches Rollenverständnis,

> *„[...] meine Eltern waren sehr darauf bedacht, nicht zu viel und nicht zu frei, weil Werte aufrecht erhalten werden mussten, weil ein Mädchen kochen lernen muss, weil ein Mädchen wissen muss, wie man im Haushalt Dinge erledigt [...]"*

(Mithilfe im Haushalt und Beibehaltung der Jungfräulichkeit bis zur Ehe) kann vermutet werden, dass sonstige Unterschiede im Verlauf der Erziehung zwischen Jungen und Mädchen nicht stattgefunden haben. Diese Vermutung wird auch dadurch bestärkt, dass L. in der Erziehungsvorstellung der eigenen Kinder eine zu unterlassende strenge geschlechtsspezifische Erziehung nicht erwähnt. Sie distanziert sich durch die Bezeichnung „ein Mädchen" sehr schnell von dieser Position, weil es in ihren Vorstellungen nicht als grundlegend wichtig erscheint.

Erziehung eigener Kinder:

Die Erziehung der eigenen Kinder wird in ihren Augen viele, als positiv und sinnvoll erachtete Elemente aus der eigenen Erziehung beinhalten, wobei die als negativ erlebten Reglementierungen und Fehler der Eltern nicht wiederholt werden
möchten. Sie möchte ihren Kindern größere Freiheiten einräumen:

> *„Also, ich würde denen nicht mit solchen Verboten ankommen, wie meine Eltern jetzt*
> *das gemacht haben. [...] aber türkische Erziehung, deutsche Erziehung, gibt's so was,*
> *hat sich ein Mischmasch, 'ne Mischkultur gebildet? Was ist das? Es sollen Welten-*
> *bürger werden [...] Partnerwahl ist frei, also Religion, Bildungsstand, Herkunft ist*
> *vollkommen egal. "*

Layla möchte nicht von kulturspezifischer Erziehung ausgehen und stellt sich dabei
selbst die Frage, ob so etwas überhaupt existiert. Dabei reflektiert sie jedoch sehr
genau und kommt zu dem Schluss, dass man die Wunscherziehung eigener Kinder
realistisch betrachten muss, da man – also die Allgemeinheit – immer davon aus-
geht, alles anders machen zu wollen als die Eltern:

> *„ [...] natürlich äh kannst du sie anders erziehen, aber irgendwas fließt immer mit ein,*
> *da bin ich mir ziemlich sicher und ich find's auch nicht schlimm, weil es war vieles*
> *gut. "*

Grundlegend sollen (soziale) Werte wie Weltoffenheit, Toleranz, soziales Bewusstsein, Respekt vor den Menschen und Kritikfähigkeit aufrecht erhalten und weiter-
gegeben werden. Im Grunde genommen sind dies Werte, die ihre allgemeine
Wunschvorstellung von der Welt darstellen. In dieser Welt sind Grenzen und Abgrenzungen zwischen Menschen, Ländern, Religionszugehörigkeit und persönlichen Vorstellungen nicht erwünscht.

Beziehung zu Eltern:

Die Beziehung zu den Eltern wird als sehr intensiv bezeichnet, wobei diese Intensität durch die Distanz als Folge des Studienbeginns noch verstärkt wird. Das Fun-
dament der Beziehung zwischen ihr und ihren Eltern stellt das gegenseitige Ver-

trauen dar, was auch ein Grund dafür ist, dass sie studiert und von ihren Eltern sehr weit weg wohnt. Die frühere Hierarchie im Sinne der Erwachsenen und des unreifen Kindes wird wie ein Abnabelungsprozess von den Eltern beschrieben und zum größten Teil abgebaut. Durch ihr zunehmendes Alter, das gegenseitige Vertrauen und die Verfestigung ihrer Persönlichkeit beginnt ein freundschaftliches Verhältnis zu ihnen; sie wird nun nicht mehr als Kind, sondern als eigenständige und erwachsene Person wahr- und ernst genommen als auch bei wichtigen Entscheidungen mit einbezogen. Mit zunehmendem Altern hat sie demnach die Möglichkeit der Einflussnahme auf ihre Eltern bzw. auf familiäre Entscheidungen.

Sie betont, dass das wechselseitige Lernen von Eltern und Kindern ein wichtiger Aspekt zur Vervollkommnung ihrer positiven Beziehung darstellt. Die Beziehung zu ihren Eltern spendet ihr Sicherheit, Kraft und finanzielle wie auch seelische Unterstützung und gibt ihr einen starken emotionalen Rückhalt. Sie spricht ihren Eltern einen Sinneswandel zu, der sich im Laufe der Zeit etabliert hat und bemerkt positiv die sukzessive Offenheit der Eltern. Grundlegend ist die Beziehung zu den Eltern von außerordentlicher Dankbarkeit für alles, was sie ihr ermöglicht haben, geprägt. Dabei schreibt sie weniger sich, als mehr ihren Eltern die bisher aufgewendete Kraft und Energie zu:

> *„Und dadurch, dass ich denen dankbar bin für das, was sie mir ermöglicht haben, mein ganzer Weg bis hierhin [...] das hat mich total weit gebracht."*

Elterliche Normen:

Die ihr auferlegten Normen machen eine Trennung zwischen Regeln familiären Zusammenlebens (Anforderungen im Haushalt) und Regeln hinsichtlich individueller Interessen (Verbot gegengeschlechtlicher Beziehungen) deutlich. Eine weitere Vorgabe ist die abzuschließende Berufsausbildung jedes Kindes, wobei es hier besonders darum geht, die Kinder vor einer gewissen Perspektivlosigkeit aufgrund fehlender beruflicher Ausbildung zu bewahren.

Normen, die sich auf gegengeschlechtliche Beziehungen beziehen, scheinen für L. eine negative und abzulehnende Kategorie zu sein. Die Wahrung der Jungfräulichkeit sowie das Verbot gegengeschlechtlicher Beziehungen gelten für sie noch bis heute, wobei der Aspekt der elterlichen Sorge bezüglich persönlicher Verletzungen hier eine große Rolle spielt:

> „[...] die haben eigentlich nie etwas ver-boten, außer, eigentlich waren ihre Verbote in Anführungsstrichen Ängste und die größte Angst war, dass meine Kinder vom richtigen Weg abkommen und vor allem bei den Mädchen [...] die Jungfräulichkeit nicht zu verlieren [...] das war und ist das Höchste aller Gesetze [...] wir haben das ja indoktriniert bekommen [...] aber die Angst, dass uns jemand etwas antun könnte, uns vergewaltigen oder irgendwas, das war das Schlimme. "

Indem sie nicht nur auf sich, sondern auch auf andere verweist („wir"), sieht sie sich in dieser Hinsicht nicht allein und verlassen, denn das, was ihr widerfährt, erleben auch andere. Die Aussage lässt die Vermutung zu, dass die Eltern diesbezüglich nicht ihren Töchtern, sondern der außenstehenden Gesellschaft misstrauen und ihre Kinder (be)schützen möchten.

Durch einen Vergleich (komparative Strategie), in der sie zur Beschreibung ihrer Situation eine Gegenüberstellung zu deutschen Freundinnen erbringt, versucht L. die erlebten Einschränkungen zu erklären:

> „[...] wollte so deutsch sein und hab mich auch so gefühlt wie alle meine Freunde auch [...] nur dass ich halt nicht äh, dass ich einige Sachen dann doch wieder nicht durfte[...] "

Die Normen als solche hat L. erst realisiert, als sie älter wurde und demnach nicht mehr all das durfte, was ihren Freundinnen erlaubt war:

> I: „Kannst Du ein Beispiel nennen, was das für Verbote waren ? "
> L: „Ja, bei Freunden schlafen, zelten im Garten ähm Weggehen war eigentlich nie so richtig ein Problem [...] meine Eltern waren sehr darauf bedacht, nicht zu viel und nicht zu frei. "

Regeln, die für sie persönlich nicht mit Sinn verhaftet sind, kann sie auch nicht akzeptieren. Sie macht aber deutlich, dass sie dennoch viele, in ihren Augen für alle anderen türkischen Mädchen geltende Normen nicht auferlegt bekommen hat und stellt damit zum einen den Unterschied zwischen ihren und anderen Eltern positiv dar, in dem sie die liberale Einstellung ihrer Familie herausstellt und betont zum anderen den ebenfalls existierenden Unterschied zwischen sich und den anderen Mädchen:

> „Komischerweise war das aber nie ein Problem, so Sachen zu machen oder die Erlaubnis dafür zu bekommen äh, womit andere türkische Mädchen extrem Probleme haben, dass man vom Sportunterricht ausgeschlossen wird, dass man nicht zum Schwimmen gehen darf, dass man eine Klassenfahrt nicht mitmachen darf, das stand nie, nie, nie zur Debatte"

Die Reflexion über Normen durchziehen das gesamte Gespräch und sind etwas verwirrend, grundlegend kommt L. jedoch zu dem Schluss, dass sie zwar einige Vorschriften zu befolgen hatte, teilweise auch heute noch hat und diese nicht akzeptieren kann, weil sie darin keine Sinnhaftigkeit erkennt:

> „[...] das hat überhaupt nichts mit Religion und Kultur zu tun, in jeder Familie, die groß wird, nö, muss auch gar nicht groß sein, gibt's Streitigkeiten, gibt's Heucheleien, Tratsch, Gerede, es ist normal. Aber ich hab gehasst [...] als Jugendliche, ich hab das gehasst, dass es gewisse Benimm-Regeln gab, ich hab gehasst, dass man so und dies und das macht, aber andere Sachen gar nicht machen durfte [...]"

Es fällt auf, dass Konflikte und streitige Auseinandersetzungen nicht kultur- oder religionsspezifisch verortet werden, sondern in ihren Augen für alle Familien gelten und somit auch keine Besonderheit darstellen – die grundlegende Kritik an Vorschriften herrscht trotzdem vor. Und dennoch möchte sie ein gewisses Verständnis für die elterliche Auferlegung der Normen aufbringen, weil diese es damals selbst nicht besser wussten. Andere Vorschriften haben sich im Laufe der Zeit gelockert bzw. wurden aufgehoben, zum einen dadurch, dass sie nicht mehr bei den Eltern wohnt als auch dadurch, dass ihre Eltern einen Sinneswandel vollzogen haben und das gegenseitig bestehende Vertrauen als Basis für die Gewährung eines größeren Freiraums für die Tochter gilt. Weiterhin schreibt sie die elterliche Veränderung auch ihrem Diskussionsdrang zu und erkennt die eigene Leistung in dieser Hinsicht an.

Umgang mit Normen:

Ihr Umgang mit Verboten bzw. Normen werden mit zunehmendem Alter reaktiver, sie fängt irgendwann an, anstrengende Debatten mit ihren Eltern zu führen:

> *„[...] es sind viele, viele Tränen geflossen, viele Tränen, weil ich diskutieren musste ohne Ende, weil ich wissen wollte, warum ich dies und jenes nicht darf, Dinge, die alltäglich waren [...]"*

L. bezeichnet sich hierbei selbst als Sturrkopf, die mit rationalen Argumenten und plausiblen Erklärungen ihre Eltern von der Richtigkeit der Entscheidungen überzeugen kann und letztlich doch ausgehen und bei Freundinnen schlafen darf. Dadurch erfährt sie auch, dass Normen durch ihre Beharrlichkeit und Geduld verhandelbar und demnach auch veränderbar sind. Sie sieht sich dabei im Recht, d.h. sie vollzieht hier eine Legitimierung sowohl nach Außen als auch nach Innen, da sie nach moralisch richtigen Maßstäben handele und deswegen keinen legitimen Grund in den Verboten der Eltern sieht:

> *„Wenn ich das wirklich begründen konnte mit vernünftigen Argumenten, dann musste ich und hab meinen Kopf oder die Idee dahinter durchgesetzt, weil ich vollkommen mir sicher war, dass es moralisch und überhaupt, egal, richtig war, wie ich dachte."*

Ihre kritische Auseinandersetzung mit Reglementierungen ermöglicht ihr die Entwicklung einer autonomen Moral. Ihr Wissen und Gewissen gelten hierbei als Grundlage von individuellen Entscheidungen und Handlungen. Das bis heute für sie gültige Verbot gegengeschlechtlicher Beziehungen umgeht sie, d.h. sie unterläuft diese Norm, indem sie eine Strategie der Heimlichkeit wählt, jedoch mit dem Bewusstsein, diese Heimlichkeit für den richtigen und von ihr auserwählten Partner aufzugeben und ihren Eltern zum gegebenen Zeitpunkt davon zu berichten. Die

Tatsache, dass sie gegengeschlechtliche Beziehungen bis heute verheimlicht, hat vermutlich damit zu tun, dass sie den Eltern und ihren diesbezüglichen Vorstellungen gegenüber Rücksicht nehmen möchte, allerdings nicht zeitlebens. L. ist den elterlichen Normen gegenüber nicht ohnmächtig ausgeliefert, sondern versucht durch Diskussion und rationale Argumentation den elterlichen Einfluss geringer zu machen:

> *„[...]wenn man angefangen hat, zu hinterfragen 'Das ist so und das bleibt so', das ist der Satz, den ja, der Satz, der einem ewig im Kopf bleiben wird [...] 'Warum nicht?' Meine Eltern sind wahnsinnig geworden, glaub ich, als die mich erzogen haben, weil die gesagt haben, die haben noch nie so ein neugieriges Kind erlebt, immer nur gefragt, gefragt, gefragt, egal, was es ist."*

Teilweise lässt sie auch eine Hartnäckigkeit zu Tage treten, die auf eine individualistische Durchsetzungsstrategie deutet. Dies macht sie an einem Beispiel erkennbar, wo sie ihren Eltern von ihrem Plan berichtet, ein freiwilliges soziales Jahr im Ausland zu absolvieren:

> *„Und es stand fest, 6 Monate, nicht 3, nein, wenn, dann die volle Packung. So immer einen drauf, so 'Glaubt ihr mir nicht, dass ich das mache?' Und dann erst recht, so'n bisschen."*

Diese Trotzigkeit lässt L. auch erkennen, dass sie ihre Ziele nur vehement und konsequent genug verfolgen muss, um sie verwirklichen zu können. Sie versucht ihre Entscheidungsfreiheit und Entscheidungsfähigkeit durch die Steigerung der Monate im Ausland zu vergrößern und gewinnt damit im Endeffekt einen größeren Bewegungs-, Entscheidungs- und Freiheitsradius.

Religiosität:

„[...] meine Eltern sind gläubig, natürlich, und haben das auch von uns verlangt, ich wollte das aber nie akzeptieren, ich wollte immer alles vergleichen, Hintergründe, 'Warum ist das so, wo steht das genau, kannst du mir genau sagen, wo das steht, dass wir kein Schweinefleisch essen dürfen [...] wo steht, dass die Jungfräulichkeit da bleiben muss und warum ist das so, warum darf da jetzt nicht hin, was ist das Problem, erklärt mir das."

Sie genießt eine religiöse Erziehung in der Hinsicht, als die Regel von den Eltern aufgestellt wird, an Gott zu glauben. Doch auch hier versucht sie, sich nicht mit dem zufrieden zu geben, was von ihr verlangt wird. Vehement fordert L. belegende Koranzitate und logische Erklärungen ein, um die Legitimation der Normen zu erhalten. Hierbei wird jedoch die Vorschrift, jungfräulich in die Ehe zu gehen fälschlicherweise in der Religion verortet. Für L. stellt sich Religion im allgemeinen in Form von Geboten und Verboten dar, für die sie kein Verständnis aufbringen kann, weil ihr die Sinnhaftigkeit fehlt. Dennoch bringt sie hier erneut Verständnis für die Ratlosigkeit der Eltern bezüglich religiöser Fragen auf, da sie einsieht, dass diese selbst keine wirkliche Ahnung von dem haben, was ihr und ihnen demnach von der Religion und der außenstehenden Gesellschaft vorgeschrieben wird:

„Im Nachhinein denke ich mir, meine armen Eltern, weil die wirklich keine Antworten wussten, die wussten das nicht"

Der Drang nach rationalen Antworten und Erklärungen dürfte aber gerade im Bereich des Glaubens als nicht erfüllbar angesehen werden.

An anderer Stelle bezeichnet sich L. als Alevitin[34] und unterscheidet sich selbst dadurch von *den anderen Türken.* Diese religiöse Binnendifferenzierung und gleich-

---

[34] „Das Alevitentum geht auf die schiitische Hauptströmung zurück, hat aber mit der schiitischen Ausprägung, wie sie sich im Iran repräsentiert, nur wenig gemeinsam. Zu den Gemeinsamkeiten gehört, dass nur der Cousin und Schwiegersohn des Propheten Mohammeds, der Kalif Ali, als des-

zeitige Selbstkategorisierung wird am Beispiel des alljährlichen Urlaubs in der Heimatstadt der Eltern eingeführt, wobei sie hier im Hinblick auf die dort gesprochene Sprache (arabisch) sehr empathische Worte zur Beschreibung benutzt:

> „[...] dieses Gefühl kann auch nur einer teilen, der auch wirklich damit aufgewachsen ist und dieses...wenn man dahin kommt und es ist alles so vertraut und familiär, weil alle so sprechen, wie deine Familie spricht, wie deine Eltern sprechen, wie alle sprechen und das ist einzigartig"

Hierdurch grenzt sie sich von den Sunniten ab und sieht auch keine Möglichkeit des Eintritts dieser in ihre Gruppe. Das Teilen und Empfinden dieses oben beschriebenen Gefühls kann nur durch die Zugehörigkeit zum Alevitentum erfolgen, wodurch sie eine gewisse Geschlossenheit dieser Religionsgemeinschaft impliziert. Ihre Identität gewinnt sie somit zu einem großen Teil aus der Sprache und der religiösen Binnendifferenzierung.

Freundeskreis:

Der Freundeskreis ist mittlerweile international, wobei an anderer Stelle bemerkt wird, dass sich dieser früher nur aus deutschen Freunden zusammengesetzt hat. Niemals aber habe sie türkische Freunde gehabt und sieht darin auch keinen Verlust, sondern eher das Gegenteil, weil sie sich immer ziemlich bewusst von diesen abgegrenzt hat – sowohl in der Schule als auch an der Uni – da sie sich diesen nicht zugehörig fühlt. Sie verspürt eher ein aggressives Gefühl gegenüber Türken, die in

---

sen rechtmäßiger Nachfolger in der religiösen Führung der Gemeinde anerkannt wird. Sowohl von der schiitischen Hauptströmung als auch von orthodoxen Sunniten werden die Aleviten aufgrund ihrer eigenständigen religiösen Praxis angefeindet. Auch sie selbst grenzen sich gegenüber dem schiitischen Islam [...] dezidiert ab. Etwa 25-30% der Muslime in der Türkei ordnen sich dem Alevitentum zu" (Karakaşoğlu-Aydın, 1999: 35).
Auch innerhalb der alevitischen Religionsgemeinschaft existieren weitere Differenzierungen, da es z.B. arabisch oder türkisch verwurzelte Aleviten in der Türkei gibt, die sich untereinander auch wieder in verschiedene Gruppierungen teilen.
Weiterführende Literatur hierzu: Karakaşoğlu-Aydın, Y.: Muslimische Religiosität und Erziehungsvorstellungen. Frankfurt a.M. 1999 // Kehl-Bodrogi, K.: Die Kızılbaş/ Aleviten. Untersuchungen über eine esoterische Glaubensgemeinschaft in Anatolien. Berlin 1988 // Pfluger-Schindlbeck, I.: Achte die Älteren, liebe die Jüngeren: Sozialisation türkisch-alevitischer Kinder im Heimatland und in der Migration. Frankfurt a.M. 1989.

ihrer Beschreibung der türkischen Mädchen (im Folgenden) noch stärker dargelegt wird. Durch den ausdrucksstarken Begriff des „nervens" untermalt sie sehr deutlich ihre Gefühle zu ihnen.

Bild von türkischen Mädchen in Deutschland:
Türkinnen sind in ihren Augen grundlegend anders. Diese Andersheit wird von ihr jedoch sehr negativ konnotiert, da sie ihnen individuelle und aktive Handlungsmuster abspricht:

> „[...] wenn ich türkische Mädchen sehe auf der Straße oder irgendwo, es mag Ausnahmen geben, aber diese Ausnahmen begegnen mir irgendwie nicht, ich weiß es nicht. Egal wo, die nerven mich einfach."

Durch diese Annahme gerät sie in den Sog der Klischees, durch den sie sich selbst dann abgrenzen kann, weil sie nicht so ist und ihre Eltern ihr demnach auch mehr erlauben, als andere türkische Eltern ihren Mädchen erlauben, da diese ihre Töchter ihrer Meinung nach weder auf Klassenfahrten noch auf Parties oder in den Schwimmunterricht schicken – im Grunde genommen sind die *Anderen* immer unterdrückter als sie selbst. Sie spricht ihnen in gewisser Weise Bewusstsein und Handlungsfähigkeit ab:

> „[...] die sind anders, die sind einfach anders [...] ich denk immer, die sehen irgendwas nicht [...] Püppchen, die irgendwie gelenkt werden, die ohnmächtig sind, die was machen, aber nur so lange, wie es halt geht [...] machen vieles heimlich [...] müssen irgendwann heiraten oder so"

Ihre Kritik an der Heimlichtuerei impliziert eine Verlogenheit und Doppelmoral türkischer Mädchen. Sie erkennt aber nicht, dass auch sie Heimlichkeiten (Partnerschaft) vor ihren Eltern hat(te). Eventuell versucht sie ihre eigene Strategie der Heimlichkeit dadurch zu legitimieren, da sie bereit wäre, für den richtigen Partner diese Heimlichkeit aufzugeben und ihre Eltern vor diese Tatsache zu stellen.

Vermutlich dringt ihre Kritik darauf, dass türkische Mädchen ihrer Meinung nach nicht schaffen, aus ihrer *vorgegebenen* Rolle auszubrechen und sich für individuelle Zukunftsentwürfe zu entscheiden, so wie sie es getan hat. An späterer Stelle versucht sie ihre ziemlich krasse Aussage zu relativieren, indem sie zugibt, dass es sicherlich auch Ausnahmen gibt.

Die Frage, ob in L.´s Augen eine schulische/universitäre Bildung dazu führen würde, einen anderen bzw. weiteren Denkhorizont zu erlangen und kritisches Bewusstsein beziehungsweise Reflexionsvermögen zu generieren ist hier nicht eindeutig zu beantworten.

Bild von der 3. Generation:

Sie verbindet mit der 3. Generation „krasse Gegensätze", wobei sie zum einen eine Gruppe von Menschen herausstellt, die so sind wie sie:

> *„Ich glaube, dass ein großer Teil mittlerweile so ist, wie ich's gerade erzählt hab über mich und meinen Lebensweg und die Art, wie ich denke und wie ich versuche zu leben. Also auf jeden Fall Emanzipation, ich meine nicht weibliche, also feminine Emanzipation. "*

Emanzipation bedeutet vermutlich eine Loslösung von Fremdbestimmtheit, eine Selbständigkeit im Bezug auf die Planung der eigenen Zukunft und das Erlangen von Reflexionsvermögen.

Zum anderen hebt sie eine Gruppe hervor, die sie stark kritisiert und denen sie eine Ähnlichkeit mit der zweiten Generation zuschreibt, die ihrer Meinung nach:

> *„[...] genauso da stehen bleiben, wo ihre Eltern waren oder sind, die überhaupt keine eigenen Ziele und Ideale haben und verfolgen, sondern das machen, was ihnen jemand vorschreibt, vorgibt, die Eltern hauptsächlich [...] "*

Sie impliziert mit der zweiten Generation Stagnation und erkennt keine Entwicklungen. Entwicklung heißt in ihrem Sinne, dass man versucht auszubrechen aus dem Umfeld, in dem Vorschriften gelten und befolgt werden sollen. Ihrer Meinung nach ist es die individuell zu bewältigende Aufgabe eines Jeden, sich eigene Ziele zu setzen, Veränderungen mutig einzuleiten und in gewissem Sinne auszubrechen, so wie *sie* es (durch ihr Studium und den Auszug von zu Hause) getan hat.

Auf meine Frage hin, ob es denn Konsequenzen bei einem Ausbruch gebe, führt sie folgendes an:

> *„Die Konsequenz ist, dass du ja nicht mehr als Familienmitglied quasi angesehen wirst, dass du ja quasi ausbrichst aus dieser Kommune."*

Unbeantwortet bleibt, ob auch sie die Konsequenzen des Ausbruchs tragen muss – nicht von ihrer Kernfamilie, sondern von der Großfamilie.

An diesen Kommentar anschließend rekuriert sie auf die Erlebnisse mit den übrigen Familienmitgliedern und ihr innerer Kampf tritt hier deutlich hervor, da sie von unterschiedlichen Niveaus spricht und den Aspekt der Bildungsdifferenz bzw. des Studiums einführt, durch den sie in gewisser Weise andere (nicht-studierte) Familienmitglieder *entwertet*.

Beziehung zur Großfamilie:

Sie reflektiert die Beziehungen zu anderen (gleichaltrigen) Mitgliedern der Familie sehr differenziert und kommt zu dem Schluss, dass sie mit nur wenigen von ihnen etwas anfangen kann, weil diese sich in einer Lebenswelt bewegen, die sie für sich nicht akzeptieren kann und will. Sie kritisiert die Perspektivlosigkeit und Oberflächlichkeit vieler gleichaltriger Verwandter, betont auch, dass diese sich nicht aus dem familiären Umfeld herauswagen und deswegen den für sie als beengend erlebten Strukturen verhaftet bleiben. Es ist eine große Enttäuschung ihrerseits zu bemerken, da sie das anfängliche Einreden auf Verwandte, mehr aus ihrem Leben zu machen, bald aufgibt, weil sie keine konstruktiven Schritte von diesen erkennt. Durch diese sukzessive Lösung von ihrer Großfamilie verringert L. vermutlich auch ihre Enttäuschungsanfälligkeit. Um diese Enttäuschung demnach nicht noch zu vergrößern, lässt sie davon ab, die anderen von in ihrem Sinne besseren Lebensweisen zu überzeugen und distanziert sich sowohl räumlich als auch emotional von ihnen. Sie betont relativ häufig ihre *Andersheit*, die wohl auch daher rührt, dass sie sich in einer anderen Lebenswelt bewegt und sich sozusagen mutig aus der sicheren familiären Bande heraus traut.

Ihrer Meinung nach fungieren die elterlichen Erziehungsvorstellungen als grundlegendes Element für eine erweiterte Sinnbildung im Leben:

> „[...] es kommt echt drauf an, wer sie erzieht, was sie für Eltern haben, wie weit der Horizont der Eltern ist"

L. kritisiert das voraussehbare Leben der Familienmitglieder und spricht ihnen somit ziemlich radikal eine Erweiterung bzw. Entwicklung bezüglich eigenständiger Ideen, Entscheidungen und Veränderungen ab. Sie entscheidet in gewisser Weise, was glücklich macht und was nicht und nimmt dadurch eine urteilende Position ein.

Durch die relativ lange Sequenz und das häufige Zurückgreifen auf gefühlsaufreibende Erzählungen über Familienmitglieder vermute ich, dass sie sich über dieses Thema schon viele Gedanken gemacht und viel Zeit damit verbracht hat. Sie erweckt den Eindruck, als komme sie nicht von ihrer Großfamilie los, obwohl sie es sich wünscht. L. kann sich nicht genau entscheiden, wem sie die Schuld für ein unausgefülltes Leben geben soll: den Familienmitgliedern, d.h. den Jugendlichen selbst oder deren Eltern. Sie verurteilt zeitweilig ihre eigene Überheblichkeit und erkennt damit eine gewisse Schuld bei sich an, wenn sie von hohem und niedrigem Niveau spricht, aber im Endeffekt gibt sie den Mitgliedern doch die Schuld, da sie es ja auch geschafft hat, aus der familiären Gemeinschaft auszubrechen, ohne die familiäre Bindung dadurch zu verlieren. Ihre Unterscheidung in zwei Welten erfolgt auf Basis des erreichten Bildungsgrads und den Selbstwerdungs- und Selbstverwirklichungstendenzen der einzelnen Mitglieder.

Selbstverortung:

L. beginnt die einleitende Erzählung mit dem Verweis, dass ihre Eltern aus einer anderen Kultur kommen. Sie betont hierbei auch, dass sie zwar im türkischen Umfeld aufwächst, ihr Alltag aber deutsch geprägt sei. Es wird eine deutliche Abgrenzung zwischen der Kultur und Herkunft der Eltern und ihr betont, weil sie nicht „wir", sondern „meine Eltern" sagt:

> „[...] ich würd' niemals sagen, ich komme aus der Türkei, ich identifiziere mich überhaupt nicht damit"

Diese Abgrenzung wird auch durch die Beschreibung verstärkt, in der es darum geht, dass sie sich so deutsch fühlt wie ihre deutschen Freundinnen. Dieses *genau so sein* wird erst brüchig, als Normen an sie herangetragen werden. Im Nachhinein bemerkt sie jedoch, dass sie sich nie rein deutsch gefühlt, weil die türkische Kultur immer wirksam war, sich aber auch nie rein türkisch gefühlt hat. Bis heute ist es ihr nicht möglich, sich gefühlsmäßig eindeutig zu verorten.

Auffällig ist jedoch, dass sie in der Heimatstadt ihrer Eltern so etwas wie Zugehörigkeit und eine Art Vertrautheit und Familiarität empfindet, die sich für sie aus der emotionalen Bindung an die Sprache Arabisch und der Zugehörigkeit zur alevitischen Religionsgemeinschaft zusammensetzt:

> „Weil meine Eltern Aleviten sind. Wir sind Aleviten"

Sie führt die religiöse Binnendifferenzierung ein, um klar zu machen, dass ihre *Eltern* Aleviten sind. Erst im Anschluss an diese Aussage korrigiert und ordnet sie sich ebenfalls der Gruppe ihrer Eltern zu und erlangt ihre soziale Identität durch die Zugehörigkeit zu dieser Gemeinschaft. Dann aber grenzt sie sich und andere (Aleviten) erneut von den Türkei-Türken ab, weil sie sich und die anderen als Deutsch-Türken bezeichnet.

Resümierend stellt sie fest, dass sie es als sehr positiv empfindet, *multi-kulturell* zu sein und erkennt nun, nach anfänglicher Unterdrückung des einen oder anderen kulturellen Aspektes auch Chancen und eine Bereicherung darin:

> *„[...] ich bin stolz darauf, so viele Kulturen in mir zu vereinen äh vielleicht gab's mal 'ne Zeit, wo man die eine Seite verdrängt hat eher, aber jetzt denke ich mir, ey, das ist so ein wertvoller großer Schatz, dass du dreisprachig aufgewachsen bist [...]"*

Geht es um religiöse und erzieherische Aspekte sowie um eine Selbstverortung, benutzt L. eine gruppenstiftende Bezeichnung (wir, uns) und macht damit eine starke Identifikation mit der Bezugsgruppe erkennbar. Nur in Bereichen, in denen sie anders als die Meisten handelt, spricht sie von sich als Individuum und beansprucht dadurch eine gewisse heraus-ragende Stellung, in der sie nicht von der Gruppe geschützt wird, sondern auf sich selbst gestellt ist.

Selbstbild:
Ihre Selbstbeschreibung deutet darauf hin, dass sie sich im Laufe der Zeit verändert und zu einer eigenständigen Person entwickelt hat. L. bezeichnet sich selbst als „Dickkopf", weil sie ihre Ideen – allerdings immer mit plausiblen Argumenten – durchsetzten möchte. Ihr Durchhaltevermögen verhilft ihr letztendlich zur Durchsetzung der eigenen Interessen.

Sie erkundet die Welt, möchte neue Leute und Länder kennen lernen und ist neugierig auf alle Bereiche des Lebens („jeden Tag neue Flausen im Kopf"). Sie beweist ihren Mut und ihre Risikobereitschaft dadurch, dass sie in ein ihr zunächst fremdes Land geht (FSJ), ohne die Sprache zu sprechen oder den nächsten Schritt genau vor Augen zu haben.

L. schreibt sich selbst Perfektionismus zu und gibt indirekt ihr hohes soziales Engagement zu erkennen, das sie durch ihren Berufswunsch verwirklichen möchte. Dadurch verbindet sie ihre persönliche Lebenseinstellung mit dem Beruf. Die fehlgeschlagenen Bemühungen in der Großfamilie werden vermutlich in ihren Beruf projiziert, wo sie Menschen erlebt, die ihr das soziale Engagement mehr danken.

Im Vergleich zu anderen türkischen Mädchen genießt sie sehr viel Freiheit, da ihr ihrer Ansicht nach viel erlaubt wird und somit anders als türkische/andere Mädchen ist. An anderer Stelle bezeichnet sie sich als emanzipiert und mit dieser betonten Andersheit impliziert sie vermutlich auch *freier*, wobei sie damit das Klischee der typisch türkischen Frau überzeichnet, um selbst nicht mehr hinein zu passen. Dadurch erscheint die eigene Leistung, sich von der Fremdbestimmtheit durch die Eltern distanziert zu haben größer. Sie betont dennoch die positive Prägung durch die elterliche Erziehung, die sie dazu veranlasst zahlreiche Aspekte in die Erziehung der eigener Kinder zu übernehmen.

Fremdbild:

L. betont, von ihren Freundinnen immer als deutsch angesehen worden zu sein, bis gewisse Verbote sie darauf aufmerksam machten, dass sie doch anders war. Gerade zu Anfang der Jugendphase steht sie unter enormem Explikationsdruck gegenüber dem Freundeskreis, da sie ihnen einerseits die elterlichen Vorschriften erläutern muss, um ein differenziertes Bild von sich zu vermitteln:

> *„[...] Dinge, die alltäglich waren, die, die, wenn ich diese Dinge meinen Freunden erklären musste, die das überhaupt nicht verstanden haben, weil das für die überhaupt keine Erklärung oder überhaupt, dass man darüber nachdenkt, das gab's nicht."*

Später fügt L. aber an, dass sie und vermutlich auch andere Mädchen („wir") ihren Freundinnen die Vorschriften durch jahrelanges Erklären verständlich gemacht hat:

> *„[...] es sind so absurde Sachen, die dann die Deutschen überhaupt nicht begriffen haben [...] aber letztendlich haben wir's denen so Stück für Stück über die Jahre hin klar gemacht"*

Zum anderen muss sie auch sich selbst klar machen, mit welchen Normen sie nun konfrontiert ist, um sich selbst damit auseinanderzusetzen und diese reflektieren zu können. Durch die Verwendung der Begriffe „alltäglich" und „absurd" wird deutlich, dass die Freiheiten, die ihre Freundinnen genossen, in ihren Augen auch völlig *normal* waren, also nichts Außergewöhnliches darstellten, wodurch das Verstehen dieser Vorschriften für beide Seiten noch erschwert wurde.

Persönliche Motivation zum Studium:

L. hat zu keiner Zeit eine Ausbildung in Betracht gezogen, sondern strebte immer das Ziel eines Studiums an, was durch die elterliche Bildungsaspiration auch grundsätzlich bestärkt wurde. Nach dem Abitur hat sie nie die Befürchtungen geteilt, die ihre Freundinnen mit dem Studium in Verbindung gebracht haben (Auszug aus dem elterlichen Heim, neues Umfeld, neue Stadt, neue Leute). Ihre geringe Angst davor deutet auf ein gesundes Selbstbewusstsein und eine starke Selbstsicherheit hin. Zusätzlich wird klar, dass sie keinen Unterschied bzw. zusätzliche Schwierigkeiten bei Studienbeginn erwartet als alle anderen (deutschen) Freundinnen auch:

> „[...] ich war ja in der selben Situation, das war ja die gleiche Ausgangsposition, ich weiß nicht warum, aber ich hatte nie Angst davor, nie."

Bemerkenswert ist, dass nur sie und ein weiterer Cousin die Einzigen aus einer sehr großen Familie sind, die nicht mehr zu Hause wohnen, ein Studium begonnen haben und durch die Aufstiegsorientierung die elterliche Mobilität (Migration) tradieren. Somit wird die räumliche Mobilität der Eltern zur sozialen Mobilität der Kinder. Sie können nicht auf Erfahrungen anderer/weiterer zurückgreifen, sondern sind sozusagen Pioniere auf diesem Gebiet.

Elterliche Bildungsaspiration:

Grundlegend sollen alle Kinder eine Berufsausbildung abschließen. Dies wird auch dadurch klar, dass entweder eine universitäre Bildung oder eine abgeschlossene Berufsausbildung oberste Priorität in der Erziehung haben. Sie erklärt sich diesen hohen Stellenwert durch die Aufstiegsorientierung der Eltern, die nicht einmal die

Chance zum Besuch einer weiterführenden Schule hatten und daher ihren Kindern alles Erdenkliche in dieser Richtung ermöglichen wollen:

> *„Sie haben nie gesagt 'Du wirst das und das', aber was Pflicht war, war die Schule beenden. Wahrscheinlich wie so oft das altbekannte Bild 'Was ich nicht haben konnte, will ich meinen Kindern geben' ähm was denen bis heute das Herz schwer macht und deswegen war es wichtig und ist es sehr wichtig, dass wir zur Schule gehen. [...] eher gefördert, dass man studieren will, sie haben niemals gesagt 'Nein, du bist ein Mädchen', was ja häufig vorkommt, das stand außer Frage. Sie haben eher dazu getrieben. "*

Es wird auch deutlich, dass die elterlichen Bildungsaspirationen beide Geschlechter betreffen und sich generell eine bessere (berufliche) Zukunft für alle ihre Kinder wünschen, weil die Eltern ihre eigenen unerfüllten Berufs- und Aufstiegswünsche auf ihre Kinder projizieren.

Individueller Partnerwunsch:

Dieser Aspekt gestaltet sich doch nicht „so einfach wie alles andere". L. hatte schon einen Partner und ist davon überzeugt, ihre Eltern auch mit einem nicht-türkischen Partner konfrontieren zu können, wenn sie ihn wirklich lieben und den Rest ihres Lebens mit ihm teilen möchte und auch *er* in diesem Falle Verständnis für die – zumindest zu Anfang – schwierige Situation aufbringen könnte. Obwohl sie bei diesem Wunsch „nicht über Leichen gehen" würde, weil die Familie ihr alles bedeutet, möchte L. dennoch nicht die Konfrontation scheuen, sondern das Risiko eines Konflikts eingehen:

> *„Wenn ich davon überzeugt bin von der Sache und sie länger geht [...] wie es der Partner auch erträgt, dass meine Eltern und Familie nichts davon wissen, dass er nicht mit nach Hause kommen kann ganz einfach und ich ihm meine Familie vorstelle oder so was, dass ich auch bereit wäre zu sagen 'Hier, das ist mein Freund, mit dem möchte ich zusammen sein und ihr sollt das wissen'. Also davon bin ich auf jeden Fall überzeugt, dass ich das auch mache. "*

Elterliche Partnerwahlvorstellungen:

Sie kann nicht genau sagen, wie ihre Eltern einen nicht-türkischen Partner aufnehmen würden, denkt aber intensiv darüber nach, weil sie selbst auf die elterliche Reaktion gespannt ist. In Anbetracht der Situation, dass sich die Eltern im Laufe der Zeit sehr geöffnet haben und toleranter geworden sind, könnte L. davon ausgehen, dass sich auch in diesem Gedankenbereich der Eltern etwas verändert hat. Dies kann sie jedoch nicht genau einschätzen.

> *„Ich kann mir beim besten Willen nicht vorstellen, wie die darüber nachdenken [...]wer weiß, vielleicht gibt's ja 'ne Überraschung [...]weil sie vielleicht schon damit gerechnet haben, dass unsere Kinder mittlerweile in so ner Gesellschaft leben [...] es würd' mich wirklich nicht überraschen, wenn die sagen 'Ja, es ist nicht so schlimm, das haben wir uns schon irgendwie gedacht'. Ich glaube wirklich, dass das mit der Zeit kommt."*

In dieser Aussage schwingt so etwas wie Hoffnung auf Verständnis ihrer und aller anderen Eltern mit, da sie hier wieder nicht allein ist, sondern auch andere davon betroffen sind („unsere Kinder"). Zudem wird dadurch auch klar, dass der Aspekt der individuellen Partnerwahl bei *ihren* Kindern kein Grund zur Konflikt-Generierung sein wird, da ihrer Meinung nach gesellschaftliche Veränderungen auch Veränderungen in der Denk- und Handlungsweise mit sich bringen (sollten).

Auf die Frage, wie sie ihren Eltern einen nicht-türkischen Partner vorstellen würde, hat L. eine vorsichtig – erklärende *Beichte* vor Augen, um, die Eltern dadurch zu einem allmählich akzeptierenden Verhalten zu führen:

> *„Ich würde das sensibel angehen, der Ton macht die Musik sage ich immer, vernünftig, genauso, wie wir vernünftig über, seit Jahren über Sachen reden können und Pro und Contra abwägen [...]. Es ist bestimmt nicht so einfach durchzusetzen wie, dass man bei einer Freundin schlafen kann, aber die merken ja selber, dass vor ihnen eine erwachsene Person steht, die ihren Weg im Leben gehen muss [...] ich muss jetzt mein Leben in den Griff bekommen, klar, die Familie wird immer hinter einem stehen, aber letztendlich und darüber haben wir schon oft geredet, bin ich, ich allein diejenige, die entscheiden muss, wie es weitergehen soll in meinem Leben. Ich würde niemals meine Familie außer Acht lassen dabei, ich würde nicht über Leichen gehen, um irgendwas zu erreichen, wenn's meiner Familie schaden würde ... mir wäre meine Familie nicht egal, das ist mir das Wichtigste auf der Welt"*

Zwischen L. und ihrer Familie besteht ein indirektes Abkommen: ihre Eltern geben ihr zeitlebens familiären Rückhalt, was sie ihnen vermutlich dadurch *zurückgibt*, dass sie bei der Durchsetzung ihres individuellen Partnerwunsches nicht bis zum Äußersten gehen würde. Bei dieser Aussage schwingt dennoch die Hoffnung mit, dass es niemals soweit kommen sollte, sich zwischen ihren Eltern/Familie und ihrem Partner entscheiden zu müssen. Sie wünscht elterliche Einsicht und Akzeptanz durch „vernünftige" Diskussionen zu erreichen.

Integration:

L. merkt positiv die Integrationsleistungen bzw. -bemühungen der Eltern an. Sie verweist darauf, dass die Sprache des Aufnahmelandes erlernt werden muss, um einer Isolation/Segregation zu entkommen, da Sprache eines der wichtigsten Integrationsmomente darstellt. Sprache bzw. Sprachen durchziehen ihr gesamtes Leben und nehmen einen sehr wichtigen Stellenwert ein. Zum einen als religions- und identitätsstiftender Aspekt, zum anderen als Studienwunsch vermag sie dadurch gleichzeitig Grenzen zu ziehen und zu überschreiten, Gruppen zu schaffen und in andere Gruppen zu gelangen.

Aktuelle Lebenssituation:

Mit ihrer aktuellen Lebenslage ist L. sehr zufrieden, weil sie den eigenen Lebensplan selbst eingeleitet und gestaltet hat und der geforderten Flexibilität und Mobilität gerne gegenübertritt. Es fällt auf, dass sie die Lebenssituation auch oder gerade deshalb als positiv wahrnimmt, weil es ihre individuellen und keine fremdbestimmten Entscheidungen waren, deren Verantwortung sie gerne übernimmt:

> *„Gut, super. Weil sie so ist, wie ich, ich hab's entschieden. Das, was ich gerade mache, habe ich, das habe ich in die Wege geleitet, weil ich's so wollte."*

<u>Zukunftsvorstellungen:</u>

L. hat relativ konkrete Vorstellungen hinsichtlich ihres Berufswunschs. In erster Linie soll die Arbeit Spaß machen und diesen sieht sie auch dadurch gewährleistet, als sie sich dafür entschieden hat, ihr Hobby mit ihrem Berufswunsch zu verbinden. Grundlegend will sie mit ihrer Arbeit etwas Positives bewirken. Ihre Zukunftswünsche betreffen demnach nicht nur sie, sondern können auch anderen, benachteiligten Gruppen zu Gute kommen:

> *„[...] ich möchte viel mit Menschen zusammen arbeiten und ich möchte was verändern. Ich möchte nicht die ganze Welt verändern, ich möchte im Kleinen was verändern"*

Sie bleibt realistisch und ist sich auch darüber im Klaren, dass ihre Pläne völlig anders verlaufen können. Man kann hier von keiner reinen internen Kontrollüberzeugung (Selbstverantwortung) ausgehen, da externe Kontrollüberzeugungen (Schicksal) ebenso existieren.

Laylas große Zufriedenheit mit ihrem Leben setzt sich aus zwei Aspekten zusammen: zum einen durch die eigene Leistung und Handlungsfähigkeit, die sie durch zahlreiche Debatten und Konfliktsituationen für sich und andere (Eltern, Großfamilie) unter Beweis stellen konnte. Sie blickt stolz darauf zurück, was sie bis hier her sowohl allein, als auch mit Hilfe anderer – meist ihrer Eltern – erreicht hat. Im Hinblick auf die vielen und vermutlich auch gefühlsaufreibenden Diskussionen gewinnt sie das, was sie auch für sich beansprucht, nämlich mehr Eigenständigkeit und die Bereitschaft zur Verantwortungsübernahme.

Zum anderen ergibt sich die Zufriedenheit aus der positiven familiären Situation. L. erkennt Mängel in der Erziehung der Eltern, weist jedoch die Schuld und damit auch einen großen Teil der Verantwortung von ihnen ab, indem sie reflektiert, zu differenzieren versucht und ihnen verzeiht. Des weiteren versucht sie ihre Dankbarkeit gegenüber ihren Eltern durch die Schuldabweisung bzw. In-Schutznahme zu zeigen und darauf hinzuweisen, dass es größtenteils ihre *Eltern* waren, die sie so weit gebracht und ihr so vieles ermöglicht haben.

Layla kann grundlegend als Sinnsucherin bezeichnet werden, da sie die Welt in kritischer Auseinandersetzung zu verstehen versucht: sie möchte kommunizieren, kritisieren, diskutieren, beweisen und bewiesen haben, warum etwas so ist, wie es sich darstellt. Als einschränkend wahrgenommene Normen werden im gesellschaftlichen Bereich, zum Teil auch fälschlicherweise in der Religion verortet. Hierbei erkennt sie jedoch, dass bestimmte Normen, die sie als beengend erlebt verändert, modifiziert und/oder umgangen werden können. Gleichzeitig verurteilt sie diejenigen, die den Normen kritiklos gegenüberstehen. Sie stellt sich diesbezüglich als Jemand dar, die sich gegebenen Reglementierungen nicht einfach unterwirft, sondern diese erst einmal grundsätzlich in Frage stellt – in der Hoffnung, befriedigende Antworten zu erhalten.

Generell weist L. ein hohes Maß an Reflexivität auf, die sich in Auseinandersetzung mit und Interesse an der Thematik dieses Interviews gebildet haben.

5.3 „Was bleibt, ist immer die Familie" – Melek

Melek ist in der Türkei geboren und im Alter von einem Jahr mit ihren Eltern nach Deutschland gekommen. Die zweite Schwester kam ebenfalls in der Türkei zur Welt. Der ältere Bruder und die kleine Schwester sind in Deutschland geboren. Melek ist 25 Jahre alt, ledig und studiert naturwissenschaftliche Fächer auf Lehramt. Sie wohnt allein. Ihre Eltern stammen aus einem Dorf in der Türkei, sie leben ebenfalls in einem Dorf in Deutschland. Die Mutter ist Hausfrau, der Vater ist Arbeiter. Der Großvater kam in den 70' er Jahren als Arbeiter nach Deutschland und wohnt jetzt wieder in der Türkei.

Schule im Rückblick:

M. betont, dass sie und ihre Geschwister alle auf direktem Wege das Gymnasium besucht haben und insofern eine Ausnahme darstellen, da sie keinen zweiten Bildungsweg eingeschlagen haben, um das Abitur zu machen. Durch diese Aussage grenzt sie sich und ihre Geschwister von vornherein gegen gleichaltrige Türken ihrer „Generation" ab. Sie bemerkt, nicht nur einzige Türkin, sondern eine gewisse Zeit lang auch die einzige Ausländerin an ihrer Schule gewesen zu sein und erhebt dadurch eine einzigartige Position für sich. Direkt im Zusammenhang mit der Schule führt sie den Begriff der Benachteiligung von Migrantenkindern im deutschen Schulsystem ein und weist im gleichen Atemzug eine durch die Institution Schule erfahrene Ungleichbehandlung zurück. Durch diese Positionierung versucht sie sich einer Einordnung als Benachteiligte zu entziehen.

> *„[...] hab mich auch nie benachteiligt gefühlt, wobei ich denke, das ist sehr personenabhängig, manche Leute fühle sich immer schnell benachteiligt."*

Erziehung im Rückblick:

„Meine Eltern sind sehr religiös, meine Eltern sind auch sehr türkisch, aber bei uns gab's z.B. nie eine Unterscheidung Mädchen, Junge, also ich durfte immer so viel wie mein Bruder und mein Bruder soviel wie ich. Also bei uns war's nie so, was denke ich auch, relativ untypisch türkisch ist. "

Die Erziehung im Elternhaus wird als religiös geprägt und traditionell und gleichzeitig *nicht* und *doch* typisch türkisch bezeichnet. Andererseits betont M., dass sie im Verhältnis zu anderen Türken mehr Freiraum zur Verfügung hatte. Mit der Zeit hätten sich ihre Eltern geöffnet und seien nicht mehr so streng, wobei sie dies zum großen Teil sich und ihren Geschwistern zuschreibt, da sie die Eltern „mit erzogen" hätten. Positive Entwicklungen innerhalb der Familie seien deshalb dem Einsatz aller Kinder zu verdanken. Als Ziele der Erziehung werden allen voran Bildung und der Glaube an Gott genannt. Grundsätzlich wird die Erziehung im Rückblick als positiv bewertet, vor allen Dingen deshalb, weil den Kindern viele Möglichkeiten geboten wurden, die demnach nicht für alle Familien selbstverständlich wären. Auffällig ist, dass immer der Vater als derjenige in ihrer Erzählung auftaucht, der seinen Kindern – entgegen zahlreicher Gegenstimmen aus dem türkischen Umfeld – viel ermöglicht habe. Dadurch wird aber auch die Enttäuschungsanfälligkeit des Vaters größer, was dazu führen kann, dass M. eine größere Verantwortung ihm und der Einhaltung der Normen gegenüber übernimmt:

„ [...] ich glaub, dass sie es sehr gut gemacht haben, muss ich dazu sagen. Das, was für meinen Vater immer sehr wichtig war und nach wie vor sehr wichtig ist, dass er Kinder hatte, die Ahnung von der Religion haben. Also, er hat nie erwartet, dass wir Kopftuch tragen, das nicht, aber er wollte den Grundstock liefern und dass wir 'ne Ahnung davon haben. Und, dass aus uns was wird. Das war glaub ich so sein größtes Ziel, also dass wir studieren, dass...er hat uns wirklich sehr vieles ermöglicht. "

Erziehung eigener Kinder:

Vieles soll aus der eigenen Erziehung übernommen werden.

„[...] so ähnlich wie mein Papa...oder sagen wir meine Eltern, ich würde nicht alles non plus ultra so übernehmen...aber im Großen und Ganzen würde ich das so machen."

Auch hier fällt erneut auf, dass M. zuerst von ihrem Vater spricht, bevor sie sich kurze Zeit später verbessert und „meine Eltern" sagt.

Die Wertevermittlung, die sie genossen hat (Respekt vor dem Alter, Glaube an Gott, Ehrlichkeit), hält sie für sehr erachtenswert und betont, dass diese Werte nicht kulturspezifisch anzusiedeln seien, sondern immanenter Bestandteil einer guten Erziehung sind. Hinzu kommt der Aspekt, Jungen und Mädchen gleich behandeln zu wollen, ganz so, wie ihre Eltern dies auch getan haben und *„[...] ja, wo sie sich echt gar nicht von den anderen türkischen Leuten irgendwie auch nur annähernd beeinflussen lassen haben".* Durch den Verweis auf die Gruppe der „anderen türkischen Leute" erscheinen ihre Eltern als Ausnahme, die darauf bedacht sind, in der Erziehung ihrer Kinder selbstbestimmt zu handeln. Generell sollte jedoch die Erziehung eigener Kinder in einigen Punkten weniger streng gestaltet werden, als sie es erlebt hat bzw. auch heute noch erlebt, wenn sie ihre Eltern besucht und frühzeitig zu Hause sein muss.

Elterliche Normen:
Die elterlichen Vorschriften betreffen ein zeitlich eingeschränktes Ausgehen und das Verbot gegengeschlechtlicher Beziehungen, was in Abgrenzung zu den deutschen Freundinnen geschieht.

„[...] aber ansonsten groß, dass ich anders lebe wie die deutschen Jugendlichen...glaub ich nicht, zumindest nicht in B., wenn ich daheim bin, is' noch mal was anderes [...] ich kann nicht einfach so weg, aber is' jetzt für mich kein Verlust."

Es wird deutlich, dass sie bzw. ihre Lebensweise von der Außenwelt nicht als anders angesehen werden sollten. Für sie ist es kein Nachteil, wenn sie zu Hause nach strengeren Vorschriften lebt. Durch diese Aussage nimmt sie dem größeren Freiheitsraum, den sie hat, wenn sie nicht in der elterlichen Wohnung ist, die Bedeutung und legitimiert somit ihre Verhaltensweise nach Außen. Und dennoch möchte sie dadurch nicht zur Gruppe türkischer Mädchen gehören, die ihrer Meinung nach mehr Reglementierungen gegenüberstehen. Der Vergleich geschieht betont erneut die (positive) Andersheit der Eltern beziehungsweise des Vaters, insbesondere wenn es den Aspekt Schule/Universität betrifft:

> *„[...] ich durfte aber andererseits auch verhältnismäßig viel, also ich war auf allen Studienfahrten mit...ich wohn seit vier Jahren alleine, das Studium "*

Umgang mit Normen:

M. unterteilt die an sie gestellten Normen in *absolut verboten* und *nicht gern gesehen*, wodurch sie das Verhalten und die Vorschriften der Eltern reflektiert und zu einem Ergebnis kommt, das es ihr ermöglicht, die Handlungswirksamkeit ihrer Veränderungswünsche unter bestimmten Umständen zu erproben. Dort, wo sie Verhandlungsmöglichkeiten sieht, versucht sie ihre Eltern schrittweise daran zu gewöhnen oder Kompromisse zu schließen, da hierdurch beiderseitige Interessen gewahrt werden. Sie merkt an, dass sie verschiedene Taktiken zur Durchsetzung ihrer Interessen kenne, die sie dann bei ihren Eltern anwendet, um ihre Ziele zu erreichen:

> *„Ja, es gibt schon verschiedene, manchmal erzähle ich auch was nicht, weil's einfach gesünder ist, also ich lüge nicht, das hasse ich, ich weiß, dass nichts oder etwas Unterschlagen auch 'ne Art Lüge ist, aber ich unterschlage da einfach Informationen, keine Ahnung also, ja ich weiß nicht, dass ich dann sag 'Ich fahre nach da und da' und dann die männlichen Begleitungen nicht erwähne oder so. "*

Die Heimlichkeiten, die sie vor ihren Eltern hat, wenn sie keine Verhandlungsmöglichkeiten sieht, möchte sie ungern als Lügen bezeichnen, weil diese doch negativ konnotiert sind und moralisch bedenklich erscheinen, weshalb sie mit dem Begriff der „Unterschlagung" diese Notlügen vor sich selbst zu legitimieren versucht. Vermutlich sieht sie in ihren Handlungen bzw. in der Verschaffung von mehr Freiraum auch nichts Anrüchiges, weshalb die Notlügen in ihren Augen umso gerechtfertigter sind. Durch diese Art der Handhabung entgeht sie zudem einem eventuellen Konflikt mit den Eltern.

Religiosität:

M. kommt nach eigenen Angaben aus einer sehr religiösen Familie. Ihre Geschwister und sie mussten wöchentlich die Koranschule besuchen, wobei sie durch die Bemerkung, jedoch niemals ein Kopftuch tragen zu müssen versucht, diesen vom Vater verordneten Besuch der Koranschule wieder abzuschwächen. M. selbst ist auch religiös, sie versucht aber wiederholt ihre Religiosität mit Verweis auf Andere zu relativieren, denn grundlegend sei Religiosität nicht definier- bzw. messbar:

> „[...] keiner sollte sich das Recht heraus nehmen zu sagen, ich bin religiöser als der oder der, jeder ist für sich, in seinem Maße religiös. Ähm, ich bin mit Sicherheit religiöser als einige, aber auch um einiges weniger religiös als andere. "

Freundeskreis:

Bis zu Beginn des Studiums bewegt sich M. in einem ausschließlich deutschen Umfeld und hegt Vorurteile gegenüber Türken. Diese Vorurteile würden denen der Deutschen entsprechen. Hier geht sie generell davon aus, dass das Bild der Deutschen über Türken mit negativen Zuschreibungen verhaftet sei. Nur durch Zufall habe sie sich ab Studienbeginn einen türkischen Freundeskreis aufgebaut. Diese beiden Freundeskreise sind jedoch voneinander abgeschirmt, da Vorstellungen bezüglich abendlicher Unternehmungen sich zu sehr unterscheiden würden.

M. springt dabei relativ problemlos zwischen beiden Kreisen hin und her und beweist durch die Handlungsfähigkeit und Handlungskompetenz in zwei unterschiedlichen Kontexten ihre Sensibilität und Einfindungsfähigkeit:

> „Ich habe eben diesen großen deutschen Freundeskreis und ein paar türkische Freunde, aber einige sogar, ich komm mit beiden sehr gut klar, aber die untereinander kommen nicht, können nicht viel miteinander anfangen, aber ich glaub, das hat nicht mal was mit deutsch, türkisch zu tun "

Zuerst betont sie, dass die Verschiedenheit unter den Kreisen nichts mit der Nationalität zu tun hat, später kommt sie aber darauf zurück, dass gewisse nationalitätenabhängige Differenzen existieren:

> *„[...] man muss irgendwie mitmachen, und dann merkt man halt, dass es wirklich schon unterschiedlich ist."*

Bild von der 3. Generation:

Markante Unterschiede innerhalb der 3. Generation sieht M. im Sprachvermögen und sozialen Verhalten. M. führt sich und ihre Familie als Beispiel an, in welchem sie deutlich macht, dass sie anders als die Meisten aufgewachsen sei, da ihre Familie viel Wert drauf gelegt habe, in einem deutschen Umfeld zu wohnen. Dennoch merkt sie an, dass eine homogene Betrachtung dieser Generation nicht möglich ist.

> *„Also, ich glaube schon, dass ich 'ne Minderheit darstelle, zumindest in dem, wie ich groß geworden bin, weil doch die meisten Türken noch in da wohnen, wo die ganzen Verwandten, viele Freunde...da wo eine große Firma ist [...] die sind halt schon ganz anders groß geworden als ich, in dem Sinne. Obwohl sie auch 3. Generation sind, also deswegen glaube ich auch, kann man das so nich pauschalisieren [...]"*

Selbstbild:

M. ist der Meinung, dass sie im Vergleich zu anderen türkischen Mädchen viele Freiheiten genießt und eine Minderheit in der Art ihrer Sozialisation darstellt, weil doch die meisten Türken in segregierten Stadtteilen wohnen würden, was in ihrem Fall nicht gegeben war. Vermutlich entgeht sie somit auch einer sozialen Kontrolle durch ein türkisches Umfeld.

Auffällig ist die häufige Betonung, nicht anders als Deutsche zu leben und aufgewachsen zu sein. Sie unterscheidet sich demnach nur in wenigen Gesichtspunkten von ihren deutschen FreundInnen:

> *„Also ich hatte, bis auf ein paar Kleinigkeiten nicht das Gefühl, dass ich anders war wie die."*

M. erweckt den Eindruck, als müsste sie sich vor mir und der Welt rechtfertigen, um nicht in die Schublade *der Türkinnen* gesteckt zu werden:

> *„Ja, ansonsten bin ich, glaub ich, eigentlich nicht anders wie die Anderen, also wie zum Beispiel meine deutschen Freundinnen [...] also, wie gesagt, ich bin sehr deutsch groß geworden [...]"*

Sie sagt von sich aus, dass sie sich zu Hause anders und den elterlichen Vorschriften entsprechend verhält und darin keinen Verlust spürt. Die Tatsache, dass sie im Gespräch immer wieder das eingeschränkte Ausgehverbot betont, lässt vermuten, dass sie diese Aussage macht, um ihre Eltern in Schutz zu nehmen und die elterlichen Handlungsanordnungen zu internalisieren und im Nachhinein als richtig anzuerkennen oder aber, weil es sie wirklich nicht stört, einen geringeren Freiraum zu haben, wenn sie bei ihren Eltern ist.

Ihre Selbstverortung findet in zwei kulturellen Kontexten statt, da sie betont und anerkennt, beides zu sein und miteinander vermitteln zu können, ohne sich damit schwer zu tun.

> *„[...] egal, wie deutsch ich bin, ich bin auch relativ türkisch [...] ich kann nach wie vor nicht allen Türken, also der türkische Mann müsste vieles von mir ertragen, meine Art, was deutsches"*

Früher sei sie eine „extreme Emanze" gewesen, heute vertritt sie nach eigenen Angaben nicht mehr diese ausgeprägte Form, befürchtet aber dennoch, mit ihrer emanzipierteren und in ihrem Sinne deutschen Art gewisse Konflikte, falls ihr Partner ein türkischer Mann wäre:

> *I: „Was wäre das zum Beispiel? Wenn Du sagst, eine deutsche Art?"*
> *M: „Dass ich äh...mir nicht alles bieten lasse, z.B. also nicht klein beigebe".*

An anderer Stelle erwähnt M., dass sie sich nie damit zufrieden gibt, wenn ihre Eltern ihr etwas verbieten. Dennoch erkennt sie die elterlichen Regeln zu Hause an und befolgt diese. Ob dies aus Überzeugung geschieht oder aus Angst, die Eltern zu enttäuschen oder mit ihnen in eine Auseinandersetzung zu geraten, wird hier nicht deutlich.

Fremdbild:

> M:„Ich hatte einen sehr guten deutschen Freund [...] er hat halt immer was Negatives über die Türken gesagt und ich hab dann gesagt 'Hallo, was redest du ?' und er meinte 'Ja, du zählst nicht'. Anscheinend hat er in mir überhaupt keine Türkin gesehen.
> I: Wie fühlst du dich dann, wenn man dir das so sagt ?
> M: Nichts besonderes, also macht mir so nichts aus. Is halt immer nur so traurig, dass man so ein negatives Bild hat."

M. wird hier bei der Parteinahme für Türken von Außen zugeschrieben, dass sie eine Ausnahme darstelle. Ihr wird somit keine Möglichkeit gelassen, selbst zu bestimmen, wer oder wie sie ist, die Bestimmungsmacht beziehungsweise die Urteilsbildung kommt von einem Angehörigen der Mehrheitsgesellschaft. Doch M. fühlt sich diesem Urteilsmonopol nicht ausgeliefert, da sie darin keinen Zwang zur Selbst-Definition erkennt.

Persönliche Motivation zum Studium:

> „[...] für mich war schon immer klar, ich werd studieren, ich weiß nicht, mit Sicherheit hat die Einstellung meiner Eltern dazu beigetragen, ganz klar"

M. wollte immer Ärztin werden, diese Überlegung wurde jedoch von dem Wunsch einer zeitlichen Vereinbarungsmöglichkeit von Beruf und Familie verdrängt. Dennoch möchte sie nicht auf eine Berufsausübung verzichten, sondern berufliche Bedingungen vorfinden, in denen ihre Karriere auch dann aufrecht gehalten wird, wenn sie die Bedürfnisse der Familie nach Zuwendung und Zeit erfüllen kann. Sie betont, dass sich die Kriterien bezüglich der Berufswahl nicht von denen unterscheiden, die die Deutschen hinsichtlich ihrer Berufswahl auch haben. Fast klingt es wie eine Rechtfertigung für die wichtige Bedeutung von Familie für sie:

„[...] für mich war das einfach ein ganz anderes Kriterium, das zu studieren, also ich denk, genau das Kriterium, was jeder Deutsche gehabt hätte, mit Sicherheit. Ich möchte etwas arbeiten, was mir Spaß macht [....] und wo ich später mit einer Familie ähm unter einen Hut bringen kann. "

Elterliche Bildungsaspiration:

Vergleicht man die elterlichen Bildungsbiographien mit der von M., so vollzieht sie eine enorme Statustransformation und macht einen großen Schritt nach vorn, da ihre Mutter Analphabetin ist. Der Vater fördert und unterstützt die Berufswünsche der Kinder sehr, wobei diese Unterstützung geistig ist, da keine anderen Möglichkeiten diesbezüglich bestehen.

„Er war auf jeden Elternabend, auch wenn er zum Teil einiges nicht verstanden hat [...] er konnte uns nicht helfen z.B. bei den Schulaufgaben oder so [...] aber er hat versucht, uns was zu ermöglichen...nicht wie andere danach gestrebt, 5 Häuser zu haben [...] sein größtes Bestreben war immer, dass was aus uns wird, er hat's auch hingekriegt [...] mit seiner Unterstützung, zumindest der mentalen Unterstützung, auch meiner Mutter, weil meine Mutter ist Analphabetin. Also sie hat halt, das was sie machen konnte, aus ihrer Kraft, hat sie immer gemacht [...] sie haben's hingekriegt, dass alle Kinder auf'm Gymnasium waren"

Es wird deutlich, dass M. die eigene Leistung hinsichtlich des schulischen Erfolgs nicht anerkennt, sondern sie den Eltern und ihrem Verhalten zuschreibt. Sie verdankt ihrem Vater demnach alles, was sie bis hier her geschafft und erreicht hat. Dadurch wächst auch die Verantwortung gegenüber ihrem Vater und ihrem eigenen (moralischen) Gewissen. Die Angst vor dem Missbrauch seines Vertrauens und einer Enttäuschung des Vaters wird noch dadurch verstärkt, als dieser sich vielen Gegenstimmen aus dem sozialen Umfeld entgegengestellt hat, um der Tochter ein Studium zu ermöglichen.

Individueller Partnerwunsch:

M. bemerkt einige Male, dass sie bisher noch keinen Partner hatte und momentan auch nach keinem Partner suche. Danach befragt, ob sie Auswahlkriterien hätte,

antwortet sie, dass sich ihr lange Zeit anhaltendes Kriterium, niemals einen Türken
heiraten zu wollen, mittlerweile geändert habe. Diese Veränderung fand zum einen
aufgrund einiger Aufenthalte in der Türkei statt, durch die sie das höflich-galante
Verhalten der türkischen Männer als positiv und bemerkenswert erachtete. Dieses
Verhalten würde ihr bei den deutschen Männern fehlen. Zum anderen reflektiert
genau und betont die zweikulturellen Anteile in ihrer Person, die sie auch dazu veranlassen würden, Türken nunmehr nicht grundsätzlich abzulehnen:

> *„Also mit 19 habe ich auf jeden Fall gesagt 'Never einen Türken', ich kann mit denen
> nicht, ich will mit denen nicht, aber mittlerweile sieht's so aus, kommt drauf an [...]
> es gestaltet sich sehr schwierig, egal, wie deutsch ich bin, ich bin auch relativ tür-
> kisch"*

Melek betont jedoch, dass nicht die Herkunft, sondern gewisse Charaktereigen-
schaften ausschlaggebend wären:

> *„Also, es ist die Art, es ist nicht die Nationalität oder so, sondern das sind die Cha-
> raktereigenschaften, is viel von der Erziehung [...] aber das ich prinzipiell sag, er
> muss Türke sein, muss Deutscher sein, ist es nicht, nee. Aber, wobei ich mittlerweile
> auch mehr zum türkischen tendiere...ähnlich wie ich sein...also nicht so richtig extrem
> türkisch, sondern so in meine Richtung, weil es macht's auch einiges einfacher."*

Durch diese Aussage wird sehr deutlich, dass sie sich bezüglich der Partnerwahl
nicht festlegen kann und möchte, obwohl doch so etwas wie eine Tendenz zu erkennen ist, die in die Richtung geht, sich einen Partner zu wünschen, der ihren Erfahrungshintergrund und ihre Denkweise teilt. In jedem Falle aber hätte ein Türke
ihre Emanzipiertheit zu erdulden.

> *„Der türkische Mann müsste vieles von mir ertragen"*

Mit dem in der Kategorie *Selbstbild* erwähnten Begriff der Emanzipation impliziert
M. Selbstbestimmung und Meinungsrecht gegenüber ihrem Mann. Die emanzipierte Ehefrau wäre dann jedoch eine Last für ihn, die er entweder zu tragen hat oder
derer er sich entledigt. Mit einer Mischehe verbindet sie grundlegend Schwierigkei-

ten und stimmt dadurch mit den elterlichen Vorstellungen überein. Diese Schwie-rigkeiten seien in kleinen Dingen zu verorten, es seien nicht die großen Dinge, die zu Problemen führten.

Elterliche Partnerwahlvorstellungen:

Auf meine Frage hin, ob sie mit der Aussage, dass es mit einem türkischen Partner einfacher wäre, ein unkomplizierteres Zusammenleben der Ehepartner meine, be-jaht sie und fügt direkt an, dass sie damit auch die elterliche Akzeptanz des Part-ners meine. Hier wird erkennbar, dass der elterliche Einfluss in ihr jetziges Leben zumindest in dieser Hinsicht noch immanent ist. Für ihre Eltern müsste der Partner ein Moslem sein, ein nicht-muslimischer Partner wäre jetzt auch nicht mehr „so der Act". Im Grunde genommen ist sie sich dessen aber nicht ganz gewiss, weil sie an anderer Stelle bemerkt, dass ihre Eltern „im ersten Moment total dagegen, definitiv" reagieren würden. Ob dies jedoch von ihr zu ändern sei, stellt sie dabei selbst in Frage. Sie würde einiges wagen – bevor sie jedoch diesen nicht einfachen Schritt der Beichte tun würde, müsste der Partner sich als Jemand erweisen, der sich diese Liebe und ihre Risikobereitschaft erst verdienen muss. Es fällt auf, dass sie ihren Eltern gegenüber eine große Hemmung hinsichtlich einer Partnerschaft mit einem Nicht-Moslem verspürt, die sich größtenteils daraus ergibt, dass M. von ihrer Fami-lie so viel ermöglicht wurde und noch wird. Durch die große Freiheitseinräumung des Vaters und die Angst vor seiner Enttäuschung steht sie auch in seiner Schuld und schlägt vermutlich deshalb diesen Weg ein, um einem Bruch mit ihrem Vater zu entgehen:

> *„Für mich ist nach wie vor das Vertrauen oder meines Vaters sehr wichtig...ich mach*
> *ja auch, oder ich versuche nichts zu machen, was das erschüttert, weil er mir wirklich*
> *sehr viel ermöglicht hat, obwohl viele auch dagegen waren"*

M. würde zwar Risiken eingehen, aber niemals gegen den Wunsch der Eltern heira-ten, um die bestehende Beziehung zu ihnen nicht zu gefährden:

*„[...] hab ich aber auch schon immer gesagt, auch in meiner extrem deutschen Pha-
se...ähm, dass gesagt habe, ich würde nie gegen den Willen von meinen Eltern heiraten."*

Der Verlust der Einbindung in die Familie wäre demnach die Sanktion für solch
einen Entschluss. Es stellt sich die Frage, was mit *ihrem* Willen ist. Es hat den Anschein, dass M. sich diesbezüglich der elterlichen Autorität unterwirft und durch
eine Heirat zuerst ihre Eltern *und dann* sich glücklich machen würde. Sie entschul-
digt ihr Verhalten aber gleich wieder dadurch, dass sie das schon immer von sich
behauptet habe und deswegen auch nicht davon abzubringen oder an ihrer Entscheidung zu rütteln sei. Die extrem deutsche Phase deutet darauf hin, dass Deutsche auch gegen den Willen der Eltern heiraten würden. Hier tritt zum ersten Mal
so etwas wie eine bewusste oder unbewusste Abgrenzung zu *den Deutschen* auf.

Beziehung zu Eltern:
Die Beziehung zwischen Tochter und Eltern sei mit dem Auszug aus dem elterlichen Haus besser geworden. Grundsätzlich findet M. in ihrer Familie Geborgenheit
und emotionalen Rückhalt, denn diese stellt den wichtigsten Lebensbereich dar, auf
den sie nicht verzichten kann und will:

*„Auch wenn ich nicht immer ein gutes Verhältnis zu meinen Eltern habe, ich mein,
ich hab ein relativ gutes Verhältnis, aber [...] nicht so das ich-erzähl-ihnen-alles-
Verhältnis hab [...] meine Eltern sind mir sehr wichtig und ich der Meinung bin, dass
Familie bleibend ist und wenn man sich die heutige Scheidungsrate anguckt, ist die
Wahrscheinlichkeit, dass du deinen Mann verlierst oder dass er irgendwann geht,
sehr hoch. Punkt. Aber was bleibt, ist immer die Familie."*

Die Frau erleidet und erträgt in dieser Perspektive die Situation und bleibt relativ
passiv, weil in ihren Augen der *Mann* derjenige ist, der aktiv wird und geht oder
den die Frau verliert. Eltern hingegen gehen nicht einfach weg, sondern sind da,
wenn man niemanden mehr hat. Die einzige Bedingung dafür ist die Erfüllung der
elterlichen Vorschriften und Berücksichtigung ihrer Wünsche, denen M. mit ihrem
Partnerwahlverhalten entgegen kommen würde. Auffällig ist, dass die Mutter wäh-

rend des gesamten Gesprächs kaum als fassbare Person auftritt, während der Vater stets präsent ist. Die Beziehung zwischen Vater und Tochter scheint intensiv zu sein – zumindest intensiver als zur Mutter – wobei Konflikte und Meinungsverschiedenheiten natürlich nicht zu vermeiden sind.

Integration:

> *„Das is ein Problem beidseitig, muss ich ganz ehrlich sagen. Für mich ist Integration, wird immer groß gelabert, dass es 'ne Sache von den Deutschen is, is mit Sicherheit eine Sache von den Deutschen, aber ist auch ne Sache von dem, der integriert werden will."*

M. macht darauf aufmerksam, dass Integrationsaufforderungen der Mehrheitsgesellschaft wenig bringen, wenn Integrationsbemühungen der Minorität fehlen. Demnach muss Integration von beiden Seiten geschehen und aktiv in die Hand genommen werden. Vermutlich spricht sie auch gerade denjenigen Integrationsbemühungen ab, die es nicht wie ihre Eltern gemacht haben, in dem sie sich bewusst nicht in einem von türkischer Community bewohnten Stadtteil niedergelassen haben. Dadurch sind sie auch vor einer ethnischen Gruppenbildung *geschützt*. M. versucht hier den Gruppenbildungsprozess von anderen zu verstehen, den sie so nicht erlebt hat und diese Tatsache im Nachhinein als positiv bewertet:

> *„Leute, die an solchen Orten aufwachsen wie Kreuzberg, denen ist bewusst, das sie was anders sind. Und dadurch, dass sie jemanden haben, der auch anders ist, klammert man sich glaub ich automatisch an den, der so is wie...und dann entstehen diese Großcliquen oder so, weil man sich ja hat, die einem ähnlich sind und ich hatte z.B. keine andere Wahl, da war niemand anders. Ich musste deutsch lernen, ich musste mich mit denen unterhalten können und dadurch schotten die sich auch selber ein bisschen ab. Und die anderen, die Deutschen kriegen Angst vielleicht, aber das ist 'ne Gruppe und in 'ne Gruppe geht man nicht rein und die wollen nichts mit uns was zu tun haben und wir wollen irgendwie nichts mit ihnen...ja, dass sie auch nichts mehr miteinander anfangen können."*

Zukunftsvorstellungen:

> *M:„Erst mal reisen und dann arbeiten gehen, ja, aber so sonst 'ne Familie, aber das*
> *sind Sachen, die man nicht in der Hand hat"*
> *I: „Was denkst du, wovon die abhängig sind?"*
> *M: „Dass man Jemanden findet, wobei ich niemanden such, deswegen kann ich auch*
> *niemanden finden."*

Ihre Zukunftsüberlegungen betreffen zuerst nur ihre Person, da sie das Studium möglichst schnell beenden möchte, um danach reisen zu können. Daran schließt sie die Ausübung ihres Berufs und noch später die Gründung einer Familie an. Hinsichtlich der Familiengründung wird eine relativ externe Kontrollüberzeugung ersichtlich, durch die M. weniger Bestimmungsmacht über das Schicksal verfügt. Durch den Gebrauch des Begriffs „man" bezieht sie nicht nur sich, sondern auch andere Menschen in solch eine mehr oder weniger von Außen gelenkte Gestaltung der Zukunft mit ein. Dann aber taucht die Anmerkung auf, dass sie derzeit keinen Partner suche und verdeutlicht damit doch noch, dass *sie* selbst aktiv werden muss, um jemanden zu finden.

M. erweckt den Eindruck, sich stets rechtfertigen zu müssen, um in keine Schublade gesteckt zu werden. Diese Rechtfertigungen geschehen sowohl gegenüber mir als Interviewerin als auch gegenüber *den Deutschen,* da sie auffällig oft betont, nicht anders zu sein und zu leben wie diese. Zentrale migrationsspezifische Begriffe wie schulische Benachteiligung von Kindern aus Migrantenfamilien, Diskriminierung und Integration durchziehen das gesamte Interview und machen deutlich, dass M. die medialen und fachwissenschaftlichen Diskussionen verfolgt, um ihre eigene Position in diesem Diskurs zu finden. Sie möchte dabei nicht ausgegrenzt, sondern von den Deutschen als *gleich* und von den Türken als *anders* angesehen werden. Durch diese Art der Selbstbeschreibung artikuliert sie ihre Individualität.

Eine große Dankbarkeit und Rücksichtnahme als auch die Erkenntnis elterlicher bzw. väterlicher Bemühungen zur Ermöglichung eines besseren Lebens kennzeichnen die Beziehung zwischen Eltern/Vater und Tochter. Melek genießt ein großes Vertrauen des Vaters und dadurch wird ein gewisser Loyalitätskonflikt spürbar. Sie versucht deshalb Lügen, die moralisch vertretbar sind, als unterschlagene Informationen ihrerseits zu bezeichnen, um den Gewissenskonflikt zu minimieren. Diese *Not*lügen sind in ihren Augen legitim, weil es hier um Dinge geht, die sie für sich als normal und deswegen als moralisch nicht verwerflich erkennt. Damit unterteilt sie Normen/Vorschriften in wichtig/unveränderbar und unwichtig/umgehbar und gestaltet ihr Leben danach, ohne einen Vertrauensbruch mit den Eltern bzw. mit dem Vater zu riskieren. Melek erscheint durch ihre umsichtige Art als eine sehr rücksichtsvolle Person, die dennoch die Erfüllung ihrer individuellen Wünsche als wichtig erachtet und zu verwirklichen versucht.

5.4 „Ich möchte einfach so sein, wie ich bin" – Sumru

Sumru ist in Deutschland geboren, ihre drei Geschwister ebenfalls (ein Bruder, zwei Schwestern). Sie ist 24 Jahre alt, ledig, studiert Soziologie und Kunstgeschichte (MA) und wohnt seit Auszug aus dem elterlichen Hause in einer Wohngemeinschaft. Ihre Eltern stammen aus einer größeren Stadt in der Türkei, sie leben in einer Kleinstadt in Deutschland. Beide Eltern sind als Arbeiter berufstätig. Die Großeltern kamen Ende der 60´er Jahre nach Deutschland und leben noch hier.

<u>Beziehung zur Großfamilie:</u>

> „[...] die Kehrseite der Medaille, also, dass Du eben zum einen Dich irgendwo belästigt fühlst und zum anderen ähm, dass immer jemand da ist."

Danach befragt, wie ihr bisheriges Leben verlaufen ist, beginnt Sumru ihre Erzählung in der Kindheit, mit der sie sofort ihre Großfamilie verbindet. Durch einen differenzierten Blick erkennt sie die Schwierigkeiten, die in solch einem großen und engen Familienverband auftreten: zum einen erlebt sie diese großfamiliären Strukturen als positiv, da die Familienmitglieder nie auf sich allein gestellt und der familiäre Rückhalt als auch die Geborgenheit immer zu spüren sind. Zum anderen betrachtet sie dies auch aus einer kritischeren Perspektive, da sie anmerkt, dass die von ihr gewünschte Privatsphäre innerhalb der Kernfamilie nicht existiert, weil die familiäre Gemeinschaft jedes Mitglied in viele – in ihren Augen eigentlich private – Situationen involviert. Sie scheint diese zwei Seiten jedoch problemlos in ihr Leben integriert zu haben, wohl auch deshalb, weil sie nicht mehr zu Hause lebt. S. erkennt aber auch einen Wandel in den familiären Strukturen, da sie bemerkt, dass der erfahrene Zusammenhalt in der Großfamilie sich aufgrund der zahlenmäßigen Vergrößerung der Mitglieder verringert und auch der ursprüngliche Überblick dadurch nicht mehr gegeben ist.

Schule im Rückblick:

Obwohl S. ihre *Normalität* durch den Vergleich der schulischen Laufbahn mit ihren deutschen Freundinnen herausstellen möchte, benutzt sie diese komparative Strategie bald darauf, um ihre subjektiv erlebte Benachteiligung zu erläutern als auch auf die ihr widerfahrenen sozialstrukturellen Diskriminierungen und äußeren Widerstände aufmerksam zu machen. Vermutlich möchte sie aufzeigen, dass *sie* den gleichen Weg wie ihre deutschen Freundinnen gehen möchte,

> *„Grundschule ganz normal, ähm dann aufs Gymnasium, dann da das Abitur gemacht, ja dann wie alle anderen auch von zu Hause ausgezogen und dann in eine andere Stadt gezogen, um dann zu studieren."*

und keine Brüche diesbezüglich erlebt. Doch sehr bald stellt sie heraus, dass das Lehrpersonal sowohl in der Grundschule als auch auf dem Gymnasium ihr diesen *gleichen* Weg nicht gönnt oder zutraut, weil sie spürt, dass sie anders behandelt wird, obwohl sie nicht anders sein will. Diese negativen Erfahrungen verfolgen sie bis heute und sie scheint die Diskriminierungen, die mit der Empfehlung für die weiterführenden Schulen beginnen und mit dem Abitur enden, noch nicht bewältigt zu haben. Hier verweist sie auf nicht-deutsche (Schul)Kinder, denen sie sich auch zuordnet, d.h. erst durch die Benachteiligung wird ihr bewusst, dass auch *sie* dieser Gruppe angehört. S. stellt fest, dass Migrantenkinder aus zwei verschiedenen Blickwinkeln wahrgenommen werden können: zum einen als Störfaktor und Problemkinder, die Abfälligkeit hervorrufen können und zum anderen als Exoten, die Interesse und Neugier erregen. Somit sind sie in jeglicher Hinsicht etwas *Besonderes*, da sie grundlegend öffentlich auffallen. Nach eingehender Reflexion ihrer bisherigen Schullaufbahn verspürt Sumru den Wunsch, auf die ihr damals widerfahrenen Ungerechtigkeiten zu reagieren und sich im Nachhinein zu verteidigen.

Erziehung im Rückblick:

> *„Ich finde eigentlich, so wie meine Eltern mich erzogen haben, eigentlich ganz gut...also natürlich, es gibt Probleme immer und überall, da kann sich niemand davon freisprechen und sagen 'Ich hab die perfekte Erziehung genossen' oder 'Ich bin die perfekte Mutter."*

Durch den Begriff „eigentlich" relativiert L. die gute Erziehung in gewisser Weise. Sie ist demnach nicht mit allem einverstanden gewesen und verdeutlicht dies an anderer Stelle mit der Wiederholung des Wortes „Zwang". Durch ihre Aussage, dass das erste Kind immer ein erzieherisches Experiment der Eltern sei, differenziert sie die Erziehungsvorstellungen genau, entzieht dadurch ihren Eltern untergründig die Verantwortung für eventuell gemachte Fehler und gesteht zugleich mit ein, dass Eltern nie unfehlbar sein können.

Positiv wird angemerkt, dass ihre Eltern keine geschlechtsspezifische Erziehung vollzogen und den Einsatz und die Mithilfe aller Kinder im Haushalt gefordert haben. Eine Wertevermittlung (Respekt vor Älteren, Höflichkeit), eine abgeschlossene Berufsausbildung und der familiäre Zusammenhalt waren weitere Ziele der elterlichen Erziehung.

Erziehung eigener Kinder:

S. weist darauf hin, dass sie vieles aus der Erziehung der Eltern übernehmen und sich an den elterlichen Vorstellungen orientieren wird. Ob dies nun bewusst oder unbewusst geschieht, kann sie nicht genau sagen. Durch den Verweis auf eine Erziehung und Eltern, die nicht perfekt sein können, verdeutlicht S., dass auch sie vermutlich Fehler machen wird, die ihr demnach von ihren Kindern nicht vorgeworfen werden können:

> *S.:„[...] das Wichtigste, dass die einfach sich sagen und denken können 'Na ja, wenn ich nicht muss, dann muss ich nicht' so. Also, dass die nicht das Gefühl haben irgendwie, irgendwo unter einem Zwang zu stehen, egal in welchem Bereich."*
> *I:„Und wenn Dir das so wichtig ist, dass die nie unter Zwang stehen, hast Du das anders empfunden, also hast Du unter Zwang gestanden?"*

S:„Ähm, also, was heißt unter Zwang, das was ich gerade gesagt hab mit diesem äh jungfräulich in die Ehe gehen, das gilt für mich bis heute noch. Das möchte ich meinen Kindern ersparen. "

Grundlegend will S. ihren Kindern größere Freiheiten einräumen und die Einschränkung, die sie bezüglich der selbstbestimmten Freizeitgestaltung und dem Verbot sexueller Beziehungen erfahren hat, unterlassen. Vermutlich möchte S. ihre Kinder davor bewahren, eigens praktizierte Strategien der Heimlichkeit anwenden zu müssen. Durch eine geringere Fremdbestimmung über ihre Kinder erspart sie ihnen in dieser Hinsicht zumindest eine Legitimierung ihres Handelns und auch einen eventuellen Loyalitätskonflikt mit den Eltern. Demnach sind die selbst erfahrenen Normen für S. nicht nur verhandel- sondern auch veränderbar. Sie möchte Wert darauf legen, dass ihre Kinder immer die Möglichkeit der freien Wahl haben, um sich nicht unter Druck gesetzt zu fühlen und individuelle Entscheidungen treffen zu können. Dennoch geht S. mit ihrer Erziehungsaufgabe nicht sorg- und grenzenlos, sondern differenziert um, da sie ihnen das erlauben möchte, was ihrem Alter entsprechend auch erlaubt ist. Maßgebend wird die Wertschätzung und Förderung von (Aus)Bildung, als auch eine Vermittlung von Werten wie Toleranz und Respekt vor Menschen. Es wird sehr deutlich, dass S. bei der Erziehung der Kinder nicht nur von sich als Mutter spricht, sondern den Partner als mitbestimmendes Element einbezieht:

„[...] wenn ich jetzt mit einem verheiratet wäre, der streng ist in seiner Erziehung, dann hab ich ein Problem damit, dann werde ich auf jeden Fall ein Problem damit haben [...] ich möchte das einfach nicht. "

Finden ihre Ideen und Vorstellungen hierbei keine Zustimmung, sieht sie große Differenzen aufkommen. Es deutet jedoch nichts darauf hin, wie und ob sie ihre Position gegenüber ihrem zukünftigen Ehemann offensiv vertreten und ihre Wünsche bezüglich der Erziehungsvorstellungen durchsetzen wird.

Elterliche Normen:

Für beide Geschlechter galten (eingeschränkte Freizeitgestaltung) und gelten noch immer Normen (Verbot vorehelicher Beziehungen), die erst dann geschlechtsspezifische Unterschiede deutlich machen, wenn es um die Einhaltung und/oder Sanktionierung dieser Normen geht. S. erwähnt hier die Vorschrift, jungfräulich in die Ehe zu gehen und betont dabei, dass diese Norm zwar für alle Kinder gelte, aber bei ihrem Bruder nicht kontrolliert und vermutlich deshalb auch nicht sanktioniert werden kann:

> *„Nur bei ihm, selbst wenn's rausgekommen wär, wär's nicht so schlimm gewesen...aber bei mir wäre es halt schlimm gewesen. Das heißt, ich bin schon mit so, mit diesen Regeln aufgewachsen, also, es gab einfach bestimmte Regeln, die man befolgen musste."*

Diese Regeln sind demnach feststehend. Dies wird auch dadurch verdeutlicht, als *diese* Vorschrift – trotz anderer vollzogener Lockerungen – für sie und viele andere („man") aktuell ist, da die Eltern ihre Autorität in dieser Hinsicht noch bis heute geltend machen. Es wird jedoch noch nicht ersichtlich, ob sie sich an diese Regeln hält oder sie umgeht.

> *„Also, es ging ja im Endeffekt darum, dass man...also, ich sag das jetzt einfach, also das Endziel ist einfach, dass man als Jungfrau in die Ehe geht."*

Das „Endziel" hat eine wichtige, wenn nicht die wichtigste Bedeutung in der Erziehung – alles andere scheint im Vergleich dazu an Gewicht zu verlieren und deshalb verhandelbar zu sein.

Umgang mit Normen:

Der Umgang mit den Vorschriften und die gleichzeitige Durchsetzung ihrer Interessen war durch etliche Debatten geprägt, die eine schrittweise Lockerung bzw. Aufhebung zumindest der eingeschränkten außerfamiliären Freizeitgestaltung bewirkt haben. Sie verweist bei den Diskussionen nicht auf andere Freundinnen, sondern legitimiert ihren Ausgangswunsch durch ihren eigenen Willen. S. betont an anderer Stelle, dass es ihr nicht darum ging, sexuelle Beziehungen einzugehen, sondern lediglich FreundInnen außerhalb der Schule zu treffen. Sowohl die anstrengenden Gespräche mit den Eltern als auch ihre Beharrlichkeit und ihr Diskussionsdrang haben sich dahingehend gelohnt, als die Bestimmungsmacht der Eltern bezüglich des abendlichen Ausgehens reduziert/minimiert wird.

Das Verbot einer intimen Beziehung diskutiert sie aber nicht, sondern umgeht es, indem sie den Freund vor ihren Eltern verheimlicht, vermutlich, weil sie diesbezüglich keinen Erfolg oder keine Verhandlungsmöglichkeit sieht. Somit nimmt sie die elterliche Autorität nur äußerlich hin und entgeht einer Auseinandersetzung bzw. eines Bruchs mit der Familie. Nach längerem Nachdenken betont S. aber, dass diese Heimlichkeit spätestens dann gebrochen wird, wenn sie sich für eine Heirat entscheidet. Dadurch kann sie die Zuwiderhandlung vor sich selbst legitimieren und ihre Eltern bis zu dem Zeitpunkt auch in gewisser Weise schützen.

> „Wie gehe ich um ? Hmh, ich umgehe das. Also...ich denke ähm, dass ich oft daran denke, dass ich das nicht machen darf, aber ich bin...ich hab z.B. einen Freund, der eben auch nicht Türke ist und meine Eltern wissen das nicht. Und ich muss jetzt nicht jeden Tag dran denken, aber ich muss es halt verheimlichen [...] ja, so gehe ich damit um. Gerade. Aber was jetzt in paar Jahren ist oder was ist, wenn ich sage, ich will den Menschen heiraten [...] weiß ich nicht. Also wenn ich wirklich weiß, das ist der Mensch, mit dem ich den Rest meines Lebens...müsste ich das ja irgendwie meinen Eltern beibringen.“

Obwohl der Begriff der *Lüge* hier nicht auftaucht, sondern mit „Umgehen“ und „Verheimlichen“ umschrieben wird, um es abzuschwächen, beschäftigt S. diese Situation sehr, da sie in gewisser Weise das Vertrauen der Eltern missbraucht, um ihren Handlungsspielraum zu vergrößern. Sie würde aber vor einer Konfrontation mit den Eltern diesbezüglich nicht zurückschrecken, lässt sich aber insofern Zeit damit, als sie sich des Partners/Heirat sehr sicher sein muss – vorher würde sie dieses Konfliktrisiko nicht eingehen. Die positive Beziehung zwischen ihr und ihren Eltern und der gegenseitige Stolz und Dank würden durch die Verheimlichung zumindest bis zur *Beichte* erhalten bleiben, was auch darauf schließen lässt, dass ihr die Familie sehr viel bedeutet.

<u>Religiosität:</u>

S. wurde nach eigenen Angaben religiös erzogen:

> *„[...] im Endeffekt sollst Du einfach nur an Gott glauben. "*

Durch den Begriff „einfach" wird die elterliche Glaubensforderung in gewisser Weise abgeschwächt und S. empfindet diese Vorschrift weder zu streng noch zu locker, da sie darauf aufmerksam macht, dass es immer Nuancierungen bezüglich der Intensität des Glaubens in anderen Familien gibt. Und doch unterläuft sie die elterliche Vorschrift des Glaubens in der Hinsicht, als sie sich einen durch andere, persönliche Elemente (die darin nicht vorgesehen sind) angereicherten Glauben zurecht gelegt und ihre individuelle religiöse Orientierung gefunden hat. Ihre Glaubenspraxis ist selbstbestimmt und S. hat kein Problem damit, ihre Religion zu modifizieren und autonom zu gestalten, weil sie diese auch nicht als feststehend und unveränderbar wahrnimmt. S. weist zudem darauf hin, dass Religiosität auch nicht kontrollierbar ist und dadurch dem von Außen kommenden Urteil entgeht. Religion bedeutet für sie Hilfe in letzter Instanz, die ihr Kraft spendet, wenn sie nicht mehr weiter weiß und wenn weltliche Dinge *versagen*. Religion sei zwar nicht fassbar, aber für sie persönlich immer da, weil der Mensch die Freiheit besitzt, daran zu glauben. In ihrem Alltag spielt Religion keine bedeutsame oder bewusste Rolle, da S. religiöse Handlungen teilweise reflexartig begeht und sie auch somit als Reflexhandlungen in ihr Leben einbaut:

> *„[...] bevor ich was esse, immer in Gedanken diesen Satz Bismillah sage [...] aber ich sag das nicht, weil ich in der Sekunde daran glau- also nicht daran denke [...] sondern ich sag's einfach"*

Freundeskreis:

S. lehnt einen türkischen Freundeskreis vehement ab. Sie versucht dies mit ihrer besonderen und schon wieder *anderen* Position zu begründen, die ihr dadurch gegeben wird, als sie sowohl in der Familie als auch im türkischen Umfeld die Einzige ist, die das Gymnasium besucht, aus dem elterlichen Haus auszieht und studiert. Trotz des türkischen Wohnumfelds zu Hause distanziert sie sich von diesem und ihr wird durch die anderen türkischen Kinder die Rolle einer Streberin zugeschrieben. Damit wird die Bildungsdifferenz sowohl von ihr als auch von Außenstehenden bewusst betont und als Grund für die Distanzhaltung herangezogen. Sie gehört deshalb aber nicht zu der Gruppe *der Deutschen* und betont dabei die Unmöglichkeit, *die Deutschen* zu pauschalisieren.

„[...] ich hab keine türkischen Freunde und ähm, das heißt aber nicht, dass ich jetzt so sein will wie Deutsche. Also, ich mein, wie sind Deutsche?"

Bild von der 3. Generation:

S. stellt deutlich klar, dass eine Pauschalisierung der 3. Generation nicht möglich ist und betont dies durch den Vergleich mit ihren Geschwistern, die ja auch unterschiedlich sind, so dass eine ganze Generation erst recht sehr vielfältig in ihren Familienstrukturen und Erziehungsvorstellungen sein muss. Die einzige Gemeinsamkeit der dritten Generation sei die Tatsache, dass die Großeltern der jeweiligen Kindeskinder nach Deutschland migriert seien. Sie zählt sich zur dritten Generation und merkt stolz an, dass ihre Familie schon die vierte Generation hervorgebracht habe. Im Laufe des Generationswechsels können ihrer Meinung nach Veränderungen eintreten – z.B. in der Beherrschung der Muttersprache. Ob diese Veränderungen durchgeführt werden, weil die junge Generation, der auch sie angehört, andere Erziehungsvorstellungen und -ziele hat oder ob die Veränderungen nur im Zusammenhang mit dem Generationswechsel gesehen werden, wird in ihrer Aussage nicht so deutlich. Eindeutiger ist jedoch ihre Spannung auf die Veränderung, die nicht durch die Angst einer Entfremdung, sondern eher durch Offenheit geprägt zu sein scheint.

Bild von Türken allgemein:

Obwohl S. kein generalisierendes Bild von Türken zeichnen möchte, weist sie doch eine ziemlich feststehende und homogene Betrachtung auf. Sie begründet ihre bewusste Distanz zu Türken mit dem Hinweis, dass sie deren National- und Sprachstolz nicht teilen kann und will und fühlt sich unter Druck gesetzt, wenn sie doch in türkischen Kreisen verkehrt. S. versteht die türkische Sprache und spricht sie auch ein wenig, fühlt sich aber unwohl, wenn in ihrem Umfeld nur türkisch gesprochen wird. Spricht sie dagegen nur oder vermehrt deutsch in türkischen Kreisen, fürchtet sie wieder eine Außenseiterposition. Eine Unterhaltung mit Türken würde demnach nicht so durchgeführt werden können, wie mit Deutschen. Sie legitimiert ihre Meinung durch ihre bisherigen Erfahrungen mit Türken.

> *„Also ich mein, natürlich kann man das nicht verallgemeinern, aber das, was ich bisher kennen gelernt habe oder gesehen habe oder beobachtet habe, war einfach, dass wenn Türken zusammen sind, das Erste, was mich stört, ist dass die fast nur türkisch reden, die ganze Zeit und das nervt mich einfach."*

Im Anschluss an diese Aussage führt S. zum ersten Mal eine religiöse Binnendifferenzierung ein, um einen weiteren Grund für ihre distanzierte Haltung darzulegen, die ihre Artikulation in einer religiösen Selbstverortung findet.

Religiöse Selbstverortung:

Die religiöse Binnendifferenzierung, die S. einbringt, macht auch ihre Selbstverortung als Alevitin deutlich. Die religiösen Gruppierungen tauchen hier als Abgrenzungskategorien auf. Zuerst spricht sie nur von ihren Eltern, die Aleviten sind:

> *„[...] meine Eltern oder meine Familie gehört einer Religionsgemeinschaft an, die nicht sunnitisch ist [...]"*

ordnet sich aber später selbst dieser Gruppe zu:

> *„Also, wir stimmen nicht mit 100% der Sachen überein, an die sie glauben und sie stimmen nicht mit 100% den Sachen zu, an die wir glauben...und ich mein, Religion kann zu Kriegen führen, wie man sieht und das war jetzt kein Krieg, nein, aber da war immer Trennung zwischen uns. Immer."*

Die Religion ist demnach Anlass, zwischen sich/ihren Eltern/ihrer Familie und sunnitischen Familien eine Demarkationslinie zu ziehen. Durch die patrilinear vererbte religiöse Zugehörigkeit erhält sie Eintritt in eine Gruppe, die sie sich aber nicht selbst ausgesucht hat, sondern in die sie hineingeboren wird. Man erfährt nicht, wie sie das empfindet, durch ihre Aussage wird jedoch ziemlich klar, dass sie sich dieser fremdbestimmten Einordnung zumindest äußerlich nicht entziehen kann:

> *„Also, wenn dein Vater Alevite ist, bist du auch Alevite sozusagen."*

Selbstverortung:

Das gesamte Gespräch ist durch Hinweise zu ihrer *Andersheit* im Vergleich zu „den Türken" durchzogen. Zudem wird ihr durch ihren Bildungsaufstieg auch in der Familie eine besondere Position zuteil, da sie hier als Erste ihr Abitur macht, um danach wie alle anderen auch von zu Hause auszuziehen und zu studieren. Durch die Infragestellung weist sie eine definitive Zuordnung ihrer Person als „Türkin" der 3. Generation ganz klar ab. An anderer Stelle „Ich möchte einfach so sein, wie ich bin" wird deutlich, dass sie sich für ihre Individualität nicht rechtfertigen, sondern ihr So-Sein einfach akzeptiert haben möchte – ohne den Gedanken der Selbstverortung weiter ausführen zu müssen oder von Außen eine bestimmte Rolle zugeschrieben zu bekommen. Sie will sich demnach weder der einen noch der anderen Gruppe zuordnen, sondern ihre individuelle Position herausstellen: eine Distanz zu Türken und eine Nähe zu Deutschen, bei gleichzeitiger Beibehaltung ihrer Individualität. Somit entzieht S. sich dem Druck, ihre Person immer wieder begründen zu müssen und weist ein reflektiertes Verhältnis zu sich und ihren Handlungen auf.

<u>Selbstbild:</u>

Durch die Übernahme von Selbstverantwortung betont S. ihren Wunsch nach Entscheidungs- und im weitesten Sinne individueller Freiheit. Dadurch enthebt sie sich in gewisser Weise der Determiniertheit, an die ihre Eltern noch glauben:

„[...] meine Eltern sagen immer 'Alles steht geschrieben"

Durch die Zurückweisung einer Prädetermination wird auch deutlich, dass S. ihr Leben nicht vom Schicksal fremdbestimmen, sondern als Individuum selbst aktiv gestalten möchte.

<u>Individueller Partnerwunsch:</u>

„Hmh, also ich persönlich möchte keinen Unterschied machen zwischen Herkunft, Religion oder überhaupt [...]"

Eine gemeinsame Verständigungsbasis wird als das einzig wichtige Kriterium bei der persönlichen Partnerwahl angesehen. Durch diese Aussage verweigert S. indirekt alle diesbezüglichen elterlichen Vorstellungen und betont den bildungs- und herkunftsunabhängigen Partnerwunsch ihrerseits.

<u>Elterliche Partnerwahlvorstellungen:</u>

Hinsichtlich der elterlichen Vorstellung eines Partners herrscht bei S. eine relative Verunsicherung, da sie zum einen davon überzeugt ist, dass ihre Eltern eine solche Verbindung zu einem Deutschen bzw. Nicht-Aleviten nicht gut heißen oder akzeptieren würden und zum anderen die Möglichkeit der Konfrontation bei dem richtigen Partner nicht abwegig erscheint. Die Mutter wird bei einem nicht-alevitischen Partner verständnisvoller eingeschätzt als der Vater. Sumru hat aber keine Gewissheit darüber, ob und wenn ja, welche Sanktionen folgen würden. In gewisser Weise drückt sich S. davor, diese Vorstellung momentan real werden zu lassen, da sie mehrmals betont, es nicht zu wissen und keine Ahnung zu haben – vermutlich möchte sie nicht, dass diese Gedanken ihr aktuelles Leben bestimmen:

> *„Also, ich mach mir schon Gedanken, aber jetzt nicht so, dass ich schon einen Plan gemacht hätte oder so. Und deswegen keine Ahnung, ich weiß es nicht, was dann ist...mal gucken...ja."*

Beziehung zu den Eltern:

Die Beziehung zu ihren Eltern ist durch eine herausragende Position S.'s gekennzeichnet, da sie als Erste in der Familie ihr Abitur macht, von zu Hause auszieht, ein Studium beginnt und die elterlichen Wunschvorstellungen bezüglich eines sozialen und ökonomischen Aufstiegs erfüllt. Die enge familiäre Bindung vermittelt S. ein starkes Selbstwertgefühl. Die Tatsache, dass sie durch den Bildungs- und sozialen Aufstieg „auf dem Teppich" geblieben ist, indem sie sich nicht besser oder höher positioniert beziehungsweise bildungsferne Familienmitglieder entwertet, wird von ihren Eltern gebührend anerkannt:

> *„[...] die sind im Allgemeinen ziemlich stolz auf mich, weil sie das immer wieder betonen und sagen [...]"*

Grundlegend merkt sie an, dass die Beziehung zu den Eltern seit dem Auszug aus dem elterlichen Haus besser geworden ist und die pubertäre Zeit durch Streitereien – die allerdings in jeder Familie stattfinden würden – gekennzeichnet war. Hier wird deutlich, dass ihr Erklärungsmuster nicht kulturalistisch geprägt ist, da die Pubertät als Konfliktherd geortet wird. Durch ihre Reife und ihr zunehmendes Alter verliert auch die Bestimmungsmacht der Eltern an Gewicht, so dass S. mittlerweile bei persönlichen Angelegenheiten der Eltern um Hilfe gefragt wird und erheblichen Einfluss in familiäre Entscheidungen hat.

> *„Und ich merke jetzt auch, dass meine Eltern in mir jetzt nicht mehr das Kind sehen, sondern eine erwachsene Person, die ihre eigene Meinung hat und die man auch um Rat fragt [...]"*

Aktuelle Lebenssituation:

Grundsätzlich ist S. mit ihrer aktuellen Situation zufrieden. Da Sumru sich jedoch am Ende ihres Studiums befindet, befällt sie eine Art Ungewissheit bezüglich ihrer Lebenssituation.

> *„[...] dass man erst mal in so ein Loch fällt nach dem Studium, wenn man nicht genau weiß, was man machen will oder so, weil Studium ist immer so, dass man weiß, was man zu tun hat [...]"*

Die individuell zu bewältigende Aufgabe der selbstgestalteten Zukunft bezieht S. durch ihre Bezeichnung des „man" auf viele andere auch und enthebt sich somit einer wiederholten Positionierung als *anders*.

Zukunftsvorstellungen:

S. möchte vorerst nicht den konventionellen Weg gehen, indem sie nach Beendigung des Studiums sofort arbeitet. Sie bevorzugt es, in Teilbereichen ihrer zukünftigen Arbeit zu schnuppern, um eine endgültige Entscheidung über ihren Wunschbereich treffen zu können.

> *„[...] ich möchte einfach mir selber so eine Sicherheit geben, was ich mal arbeiten möchte. "*

S. möchte ihr eigenes Geld verdienen und dadurch finanziell unabhängig sein. Für den restlichen Verlauf der Zukunft stellt sie sich ein familiäres Zusammenleben mit Mann und Kindern vor, jedoch ohne ihren dafür Beruf aufzugeben. Die Vereinbarkeit von Familie und Berufsausübung sind für sie selbstverständlich und weisen keine Ambivalenz auf.

Das gesamte Gespräch mit Sumru macht deutlich, dass sie sich zum einen nicht anders sehen will bzw. gesehen werden möchte als ihre deutschen FreundInnen. Zum anderen stellt sie aber selbst im Hinblick auf andere Türken oder Familienmitglieder heraus, dass sie doch anders ist. Diese Andersheit wird zum größten Teil

durch den erreichten Bildungsgrad hervorgehoben. Es scheint ihr jedoch ein Be-
dürfnis zu sein, die Bildungsdifferenz zwischen ihr und ihrem Umfeld nicht zu
entwerten. Allgemein ist es ihr Anliegen, ihre Individualität zu artikulieren und
Sumru's Selbstbeschreibung durch den markanten Satz „ich möchte einfach so
sein, wie ich bin" macht sehr deutlich, dass sie sich keiner bestimmten Kategorie
unterordnen möchte.

Ihren Eltern verdankt sie nach eigenen Aussagen sehr viel, da sie ohne deren
Hilfe und Unterstützung niemals so weit gekommen wäre. Es bleibt offen, ob
Sumru ihre eigenen Leistungen unabhängig von ihren Eltern anerkennen kann oder
nicht. Während des Interviews vermeidet sie Begriffe wie türkische/deutsche Kultur und verortet durchlebte Konflikte mit den Eltern in der Pubertät oder in elterlich
vorgegebenen, kulturunabhängigen Vorschriften/Regeln. Durch das heimliche
Umgehen einiger Verbote/Normen kann sie zwar eine sehr gute Beziehung zu
ihren Eltern aufrechterhalten, doch ist ihr schon anzumerken, dass sie diese Heimlichkeiten belasten. Die einzige Entlastung besteht in einer (zukünftigen) offenen
Diskussion mit bzw. Konfrontation der Eltern mit einem eventuell nicht-
alevitischen Partner. Diese Situation wird jedoch erst eintreten, wenn Sumru sich
ihres Partners und ihrer Entscheidung sicher ist.

Sumru versucht andere bestehende Regeln durch Diskussionen und der schritt-
weisen Gewöhnung der Eltern an eigens getroffene Entscheidungen aufzulösen und
unterteilt damit die Vorschriften in veränderliche und (zumindest bis zu einem gewissen Zeitpunkt) feststehende Normen. Durch die Einräumung einer größeren
Freiheit bei ihren Kindern erspart sie ihnen das schlechte Gewissen, dass sie plagt,
wenn sie selbst Zuwiderhandlungen begeht. Grundlegend kann Sumru als eine Person bezeichnet werden, die sowohl die elterlichen als auch ihre individuellen Vorstellungen in Einklang bringen möchte.

6. Einblick in die Lebenswelten[36]

Nach der eingehenden Analyse der vier Interviews wird im nächsten Schritt versucht, die in den Interviews gemachten Aussagen über die Lebensführung der jungen Frauen in einer Zusammenschau darzulegen. Um dem Leser einen nachvollziehbaren Überblick zu ermöglichen, werden die wesentlichen Erkenntnisse aus der Untersuchung in vier Kategorien zusammengefasst.

Die Vermittlung von Werten und Normen oder: zur Frage der Erziehung

Alle befragten Frauen reflektieren und differenzieren die elterliche Erziehung im Rückblick sehr genau. Die Interviews zeigen, dass zwar alle Frauen Normen gegenüberstehen und einige dieser Normen bei allen Befragten identisch sind, doch der Umgang mit und die Auslegung von diesen individuell variiert.

Den zwei Normen „keine voreheliche Beziehung zu einem Mann" und „Jungfräulichkeit bis zur Ehe" begegnen alle vier Frauen. Während diese Normen somit für sie alle gelten, zeigen sich unterschiedliche Reaktionsweisen darauf. Dadurch entsteht eine heterogene Gruppe, die genauer betrachtet werden sollte:

Havva hat sich diesen Normen schon früh entzogen, indem sie diese ab ihrer Volljährigkeit nicht mehr als Handlungsimperativ versteht. Sumru und Layla umgehen diese Normen, indem sie voreheliche Partnerschaften vor den Eltern verheimlichen.

Dies tun beide aber im Hinblick darauf, dass sie ihre Eltern davon in Kenntnis setzen möchten, sobald sie sich eines Partners, mit dem eine Heirat in Frage käme,

---

sicher sind. Beide können die Reaktion der Eltern diesbezüglich nicht genau einschätzen und stellen sich demnach sowohl auf eine Zustimmung als auch auf eine Ablehnung ein.

Melek dagegen hat bisher keinen Partner gehabt und gibt zu verstehen, dass diese Tatsache unabhängig vom Verbot der Eltern sei. Während sie betont, dass sie nie gegen den Willen der Eltern heiraten und Layla aussagt, dass sie bei der Wahl eines Heiratskandidaten hinsichtlich ihrer Familie nicht über Leichen gehen würde, tendiert Sumru eher dazu, den Eltern ihren Willen „beibringen zu müssen". Lediglich Havva erkennt, wie schon erwähnt, diese Reglementierung nicht mehr an und handelt nach eigens gesetzten Prinzipien bei der Partnerwahl.

Die generelle Schwierigkeit besteht nach Aussagen meiner Gesprächspartnerinnen bei der Suche nach einem geeigneten Partner, da sich die Möglichkeiten – zumindest für einen Teil der Frauen – durch die Ablehnung von (türkischen) Männern aus der Türkei und türkischen Männern aus Deutschland aufgrund der Meinung, diese seien zu sehr in Rollenklischées verhaftet, verringern. In Bezug zu türkischen Männern weisen die Frauen prinzipiell eine eher ablehnende Haltung auf, da sie mit dieser Gruppe nur „Machos" mit patriarchalischen Tendenzen verbinden. Demnach kann sich auch keine der Befragten vorstellen, einen „richtigen Türken" zu heiraten, da sie davon ausgehen, dass den türkischen Männern ihre individuellen Verhaltensweisen – mit denen sie vorwiegend Meinungsfreiheit und Selbstbestimmung verbinden – und ihre Forderungen nach Liberalität und Offenheit Probleme bereiten werden.

Die erlebten Einschränkungen bei der Partnerwahl werden demnach nicht auf die Eltern oder elterlichen Vorstellungen, sondern auf die Tatsache, keine adäquaten Partner zu finden, zurückgeführt. Melek und Havva bevorzugen eher jemanden zu heiraten, der ihren Erfahrungs- und Sozialisationshintergrund teilt, beziehungsweise Kenntnisse bezüglich ihrer kulturellen Herkunft besitzt, so dass Erklärungen und Rechtfertigungen nicht mehr notwendig wären. Sumru und Layla weisen keine bestimmten Kriterien diesbezüglich auf und können sich auch eine Heirat mit einem Nicht-Türken vorstellen. Besonders Layla macht deutlich, dass ein großer Teil der nächsten Generation sich keine Fragen mehr über Herkunft oder Religionszugehörigkeit der Partner stellen wird, wobei auch Sumru betont, die von ihren Eltern erwünschte alevitische Partnerschaft bei ihren Kindern nicht aufrechterhalten zu wollen.

Alle Frauen werden seit der Pubertät mehr oder weniger mit Reglementierungen (eingeschränkte Freizeitgestaltung, Glaube an Gott, Einhaltung der religiösen Gebote, Verbot sexueller Beziehungen) konfrontiert, die jedoch auch von Familie zu Familie und von Frau zu Frau anders interpretiert und gehandhabt werden.

Havva entwickelt mit zunehmendem Alter eine Hartnäckigkeit, die es ihr ermöglicht, ihre individuellen Wünsche und Bedürfnisse über die elterlichen Vorstellungen zu erheben und so ihr Durchsetzungsvermögen unter Beweis zu stellen. Sie nimmt bei streitigen Auseinandersetzungen mit den Eltern eine defensive Haltung ein und gewinnt durch ihre relative finanzielle Unabhängigkeit eine Position, die es ihr erlaubt, sich über die Verbote hinwegzusetzen. Havva rechtfertigt und legitimiert quasi ihre Handlungen ab einem bestimmten Alter durch den Verweis auf ihre Volljährigkeit und den Wunsch, der elterlichen Determiniertheit zu entkommen, was ihr letztlich auch gelingt.

Sumru und Layla lassen sich auf lange und anstrengende Diskussionen ein und versuchen ihre Eltern von der Richtigkeit ihrer Wünsche zu überzeugen als auch auf Kompromisse einzugehen. Durch die vertrauensvolle und sehr enge Bindung zu ihren Eltern gelingt es ihnen zudem, ihren Handlungs- und Entscheidungsspielraum zu vergrößern, ohne schwerwiegenden Auseinandersetzungen zu verfallen. Lediglich die Diskussion bezüglich eines nicht-türkischen Partners wird auf einen späteren Zeitpunkt verlegt. So lange greifen sie auf die Strategie der Verheimlichung zurück, die zwar in ihren Lebensalltag integriert ist, aber dennoch ein schlechtes Gewissen verursacht, das besonders bei Sumru deutlich wird. Durch diese Heimlichkeit halten sie zumindest äußerlich diese besondere Norm ein, und riskieren dadurch bis zu einem bestimmten Zeitpunkt nicht die Verminderung der engen familialen Bindung.

Melek möchte die Heimlichkeiten, die sie vor ihren Eltern hat nicht als Lüge, sondern als Unterschlagung von Informationen bezeichnen, um diese vor sich selbst zu legitimieren.

Während Sumru, Layla und Havva mit ihren jeweiligen Strategien bezüglich der Freizeitgestaltung konsequent leben, grenzt Melek ihren Handlungsspielraum hinsichtlich des abendlichen Ausgangs ein, wenn sie ihre Eltern besucht, verweist aber gleichzeitig darauf, dass es für sie kein Verlust bedeute, da sie sich nicht daran hält, wenn sie wieder in ihrer eigenen Wohnung ist. Dadurch entwickelt sie zwei voneinander abgetrennte Lebensräume, die es ihr ermöglichen, den elterlichen Forderungen ohne einen Bruch nachzukommen und gleichzeitig die eigenen Bedürfnisse zu befriedigen.

Alle Befragten gelangen zu der Einsicht, dass die zu verzeichnende sukzessive Offenheit der Eltern ihren Diskussionen, ihrer Beharrlichkeit und ihrer Überzeugungskraft als auch der elterlichen Bereitschaft zu Kompromissen und zur Lockerung vieler Vorschriften zu verdanken ist. Dadurch heben sie gleichzeitig hervor, dass die elterlichen Normen und Reglementierungen demnach keine feststehenden, sondern veränderbare und vor allen Dingen verhandelbare Kategorien darstellen. Trotz der Auseinandersetzungen und Kämpfe um die Vergrößerung ihrer Handlungsspielräume verorten Melek, Sumru und Havva die Ursachen in den jugendlichen Entwicklungsprozess (Pubertät) und nehmen der vorgeblich für Migrantinnen geltenden Kulturkonflikthypothese und der sich daraus ergebenden Identitätsstörung dadurch an Gewicht. Widersprüchlichkeiten, die sich im Laufe ihrer Jugend aufgetan haben, scheinen Sumru, Melek und Havva positiv in ihr Leben integriert zu haben, so dass auftauchende Konflikte weitestgehend durch die Pubertät erklärt und nicht auf die Herkunftskultur zurückgeführt werden.

Allein Layla schlägt hierbei einen anderen Gedankengang ein, da sie Normen/Reglementierungen in der Religion als auch im gesellschaftlichen Umfeld verortet. Nach Außen hin hält sie z.B. das Verbot einer intimen Beziehung zwar ein, kritisiert dies aber laut und geht der Frage nach, wer es aufgestellt hat und welchen Sinn es ergeben soll.

Wie Layla sind auch Sumru und Melek von ihren Eltern dazu angehalten, an Gott zu glauben und religiöse Gebote einzuhalten. Die Vorgaben und die Durchführung dieser wird jedoch verschiedentlich gehandhabt: während Sumru den Glauben an Gott als wichtigstes Gebot von den Eltern wahrnimmt, aber nicht für streng befindet, hält Melek die Gebote des Fastens, Betens und des Alkoholverbots ein, erachtet diese für sich auch als sinnvoll und kommt zum gleichen Schluss, was bedeutet, dass die Wahrnehmung der Strenge ebenso wie die Einhaltung der Gebote individuell variiert und der Stellenwert als auch die Bedeutung der Religion bei den Befragten unterschiedlich ausgeprägt ist. Sumru hat den Glauben ihrer Eltern mit eigenen, persönlichen Elementen angereichert und fühlt sich mit dieser quasi subjektiven Neuinterpretation der Religion auch sehr wohl, wodurch sie selbst Religion nicht als feststehende Kategorie auffasst. Layla hingegen nimmt eher negative und ihre persönliche Freiheit einschränkende Aspekte der Religion wahr und versucht diese durch ihr Hinterfragen zu dekonstruieren. Nachdem Havva in früher Kindheit sehr am Thema Religion interessiert war und sich ihr Wissen diesbezüglich selbst angeeignet hat, nähert sie sich diesem Thema durch das Studium der Islamwissenschaft nun aus der wissenschaftlichen Perspektive. Keine der Befragten erhält nach eigenen Aussagen eine strenge religiöse Erziehung und außer Melek möchte niemand den eigenen Kindern vorgeben, an Gott zu glauben.

Prinzipiell erleben alle Befragten eine positive Beziehung zu den Eltern, die von gegenseitigem Vertrauen, großer Dankbarkeit für die Ermöglichung ihres bisherigen Lebens und der intensiven emotionalen Bindung gekennzeichnet ist. Besonders die durch das Studium entstandene räumliche Distanz bringt alle Beteiligten einander näher, so dass durch die enge Beziehung und das zunehmende Alter der Frauen ein Aushandlungsprozess hinsichtlich vieler Vorschriften und Normen möglich wird. Insgesamt wird durch die gemachten Aussagen deutlich, dass die jungen

Frauen den elterlichen Reglementierungen nicht ohnmächtig und hilflos gegenüberstehen, sondern versuchen, ihre Autonomiebestrebungen mit den elterlichen
Wünschen in Einklang zu bringen, indem sie Kompromisse schließen wie Layla
und Sumru, die anstrengende Diskussionen durchhalten und zu ihren Gunsten gewinnen oder Havva, die die eigenen Wünsche hartnäckig durchzusetzen versteht.
Lediglich Melek versucht durch die Einhaltung der elterlichen Reglementierungen
zu Hause kontextabhängig zu handeln, um Auseinandersetzungen mit den Eltern
aus dem Weg zu gehen.

Grundlegend kann festgestellt werden, dass die Eltern der befragten Frauen hinter ihren Töchtern stehen und deren Entscheidungen unterstützen – auch wenn sie
dabei Gegenstimmen aus dem sozialen Umfeld hören. Alle Familien der Befragten
wie auch die Befragten selbst legen Wert darauf, Kontakte zum deutschen Umfeld
zu pflegen und lehnen eine rein türkische Wohn- und Arbeitssituation vehement ab,
da ihnen der Anschluss zu deutschen Freunden, Arbeitskollegen, Nachbarn und
Bekannten als sehr wichtig erscheint.

Die Vorstellungen über die Erziehung der eigenen Kinder (die sich alle wün-
schen) lässt erkennen, dass sie die selbst als einengend erachteten Vorschriften der
Eltern in Zukunft unterlassen möchten, um ihren Kindern dadurch einen größeren
Handlungsspielraum zu gewähren und vermutlich auch, um ihnen die Legitimation
ihrer Handlungen zu ersparen, indem sie die in einigen Lebensbereichen selbst erfahrene Fremdbestimmung durch die Eltern reduzieren und somit Normen und
Vorschriften modifizieren möchten. Den jungen Frauen ist durch ihre persönlichen
Erziehungsvorstellungen die Möglichkeit gegeben, in Zukunft etwas zu verändern,
was sie selbst als einschränkend erlebt haben und diese Handlungsmacht ist ihnen
auch sehr bewusst. Trotz der erlebten Einschränkungen und Auseinandersetzungen
in der Erziehung möchten jedoch Melek, Layla und Sumru einen Großteil der elterlichen Erziehungsvorstellungen für ihre Kinder übernehmen, da sie diese für sinnvoll erachten. Allein Havva stellt sich die Erziehung ihrer Kinder anders als die

eigens erlebte vor, da sie nicht auf Elemente der elterlichen Erziehung zurückgreifen möchte.

Entgegen der gängigen Vorstellung, dass Familien türkischer Herkunft ihre Söhne und Töchter zu unterschiedlich erziehen, lassen die Aussagen der Frauen diese Behauptung nicht zu, da die Eltern – so jedenfalls die retrospektive Sicht der Töchter – bei der Erziehung von Jungen und Mädchen in vielen Bereichen keine Unterschiede machen.

Trotz der Feststellung, dass man von keinem charakteristischen türkischen Erziehungsziel oder spezifisch türkischen Orientierungen ausgehen kann, lassen sich einige Gemeinsamkeiten in der familiären Erziehung der Befragten finden. Zu diesen gehören maßgeblich die Aufstiegsorientierung und Bildungsaspiration, die sich sicherlich daraus ergeben, dass alle Elternteile aus einem bildungsfernen Milieu stammen und ihren Kindern einen sozialen und ökonomischen Aufstieg durch Bildung ermöglichen wollen. Doch es existieren auch unterschiedliche Erziehungsziele in den Familien: Havva's Mutter wünscht sich für ihre Tochter eine schnelle finanzielle Unabhängigkeit. Melek's Eltern legen sehr viel Wert auf die Religiosität und die Ausbildung ihrer Tochter. Sumru's Eltern zeigen ebenfalls hohe Bildungsaspirationen auf, verweisen aber gleichzeitig darauf, den durch Bildung erreichten (sozialen und ökonomischen) Aufstieg nicht zu einer Entwertung anderer (bildungsferner) Familienmitglieder zu nutzen. Layla's Eltern wünschen sich neben einem erfolgreich abgeschlossenen Studium/Ausbildung den familiären Zusammenhalt und innerfamiliären Frieden, der durch gemeinsam getroffene Entscheidungen verstärkt werden soll.

Zusammenfassend ist zu erkennen, dass sich die Frauen durch die Normen und Vorschriften zwar mehr oder minder reglementiert fühlen, aber nicht passiv sind, sondern durch diverse Strategien ihre Autonomie erhalten und verteidigen als auch in ihren Bestrebungen nach Selbstverwirklichung von den Eltern unterstützt werden. Dabei besteht das vorrangige Ziel der Frauen in der Verwirklichung ihrer eigenen Wünsche und Nutzung ihrer Ressourcen bei gleichzeitiger Bindung an die

Kernfamilie. Die Frauen gehen mögliche Konfliktrisiken ein, um ihre individuellen Wertorientierungen umsetzen zu können, wobei die Familie ihnen ein hohes Maß an Sicherheit und emotionalem Rückhalt bietet und trotz zahlreicher Diskussionen generell hinter den Entscheidungen ihrer Töchter steht.

Verortung und Eigenbild oder: zur Frage des Selbstverständnisses

Durch die erfragten Assoziationen zum Begriff der 3. Generation und den Vergleich der Befragten zu ihren Geschwistern und FreundInnen sollte das Selbstverständnis der jungen Frauen ermittelt werden.

Tendenziell kann sich keine der Befragten definitiv einer Nationalität, Kultur oder Ethnie zuordnen. Sumru kann nicht genau sagen, ob sie sich als Türkin bezeichnen würde, führt diesen Gedanken aber auch nicht weiter aus. Layla weiß zwar, dass sie „mehrere Kulturen" in sich vereint, kann sich emotional jedoch auch nicht konsequent verorten. An einer Stelle verweist sie darauf, dass sie Alevitin ist und lässt diese religiöse Zugehörigkeitskategorie so stehen. An anderer Stelle bezeichnet sie sich als Deutsch-Türkin. Havva erkennt sich ebenfalls als einen Menschen zweier Kulturen, wobei eine kategorische Verortung in entweder der deutschen oder der türkischen Kultur auch bei ihr nicht stattfindet. Lediglich Melek kann genau sagen, dass sie sowohl deutsch als auch türkisch ist. Die Frage nach der Zugehörigkeit kann trotz zahlreicher Erfahrungen mit und in Gruppen demnach nur von Melek klar beantwortet werden. Grundsätzlich ist eine gewisse individualistische Tendenz in den Identitätskonstruktionen der Befragten festzustellen, die Sumru folgendermaßen ausdrückt: „Ich möchte einfach so sein, wie ich bin."

Sowohl Melek als auch Layla wurden von der deutschen Außenwelt nicht als Türkinnen, sondern als Deutsche wahrgenommen, ganz so, wie auch sie sich gesehen haben, bis sie dem Explikationsdruck begegneten, der ihnen deutlich machte, dass sie doch *anders* sind. Jener Explikationsdruck hat aber auch dazu geführt, dass sich die Frauen zu den eigenen Handlungen in ein reflektiertes Verhältnis gesetzt haben.

Generell sagt keine der Befragten, dass sie nur Deutsche oder nur Türkin ist, sondern sie betonen stets den Einfluss türkischer und deutscher und in ihrem Sinne bereichernder Elemente, was darauf schließen lässt, dass sie bi- beziehungsweise multi-kulturell orientiert sind. Dies lässt sich auch dahingehend bestätigen, als die jungen Frauen sich von den „typisch türkischen" Mädchen in Deutschland abgrenzen, um ihre Andersheit zu betonen. Die Kategorie „typisch türkisch" ist für sie insgesamt eher negativ konnotiert und weist auf Eigenschaften hin, die sie für sich selbst ablehnen: die Befragten verfügen nach eigenen Aussagen über einen höheren Bewusstseinsgrad, der ihnen vermutlich durch Bildung zuteil wird. Auch betonen sie ihre Emanzipiertheit, unter der sie Selbstbestimmung und Selbstverwirklichung verstehen und die sie durch ihren aktiv gestalteten Lebensentwurf zu belegen versuchen. Deutsche Frauen tauchen nur in dem Sinne auf, als diese für eine Gruppe stehen, die mehr Freiheiten genießt und einen größeren Handlungsspielraum besitzt, welche sie nicht verteidigen oder sich erst erkämpfen müssen.

Keine der Frauen weist eine durchgehend konsequente, nationale oder emotionale Selbstverortung in deutsch oder türkisch oder deutsch-türkisch auf. Im Gegenteil, jede der Befragten möchte ihre Individualität bewahren und der Zuschreibung von deutscher wie auch von türkischer Seite und dem gleichzeitigen Explikations- und Rechtfertigungsdruck entgehen. Melek, Sumru und Layla machen deutlich, dass sie sich nicht anders als die Deutschen gesehen haben, führen an späterer Stelle aber an, dass sie doch anders sind: *anders* als die typisch türkischen, in ihren Augen unterdrückten Mädchen und *anders* als die Deutschen, da sie auch türkische Einflüsse und partielle emotionale Zugehörigkeit zur türkischen Kultur in sich verspüren.

Sowohl Layla als auch Sumru haben einen vorwiegend deutschen Freundeskreis, den sie sich dadurch erklären, dass sie von „Türken genervt" seien. Sie sehen die Ursache hierfür in einem religiösen Aspekt, der durch die Unterteilung in Sunniten und Aleviten entsteht.

Melek hat nach anfänglichen Vorbehalten gegen „Türken im Allgemeinen" neben dem deutschen nun auch einen türkischen Freundeskreis, den sie allerdings nur durch Zufall kennen gelernt hat. Obwohl Melek darauf zu sprechen kommt, dass sie einige Verhaltensweisen, die ihr bei deutschen Freunden aufgefallen sind, nicht akzeptieren kann, formuliert sie kein Bild von Deutschen, ebenso wenig wie Layla und Sumru. Allein Havva betont ihre gelebte Differenz zu Deutschen, da der Kontakt mit ihren deutschen KommilitonInnen weniger intensiv beschrieben wird als der Kontakt zu „Ausländern". Diese Distanz zu Deutschen ergibt sich ihrer Meinung nach aus deren abweisender und kühler Art.

Grundlegend wird die 3. Generation von MigrantInnen türkischer Herkunft, denen sich auch meine Gesprächspartnerinnen zuordnen, zwar in eine heterogene Gruppe unterteilt, die jedoch bei näherer Betrachtung ein *Schubladen-Denken* bei allen Befragten aufweist: so existiert nach Aussagen der Frauen eine Gruppe von jungen Leuten, die entweder gar nichts oder „nur" eine Ausbildung machen und deren Ziele nicht darüber hinausgehen, als eine finanziell relativ abgesicherte Zukunft zu erlangen, um darauf folgend eine Familie zu gründen und in der Stadt zu verweilen, in der sie leben.

Dann gibt es die Gruppe der Religiösen, die sich fremde Meinungen überstülpen lassen und den Vorstellungen der Eltern unterworfen sind, ohne jeglichen Anspruch des kritischen Hinterfragens dieser Fremdbestimmung. Es wird deutlich, dass diese kritisierten Gruppen nach Ansicht der Befragten in ihrer Entwicklung stagnieren, weil sie keine Bildung genießen, und deshalb ihren Denk- und Wissenshorizont nicht erweitern können.

Als Letztes wird die Gruppe der BildungsaufsteigerInnen genannt, der auch meine Gesprächspartnerinnen angehören. Dieser Gruppe wird das Bestreben, mehr aus dem Leben und den ihnen gegebenen Möglichkeiten und Ressourcen zu machen, zugeschrieben. Implizit weisen sie darauf hin, dass diese Gruppe vor allen

Dingen durch Bildung emanzipiert ist, wobei Emanzipation hier bei allen außer Melek nicht in dem Sinne verstanden wird, so zu sein wie Deutsche.

Zusammenfassend lässt sich sagen, dass die Frauen ihre autonome Handlungs-fähigkeit und Handlungskompetenz in verschiedenen Kontexten beweisen und dadurch ihre Sensibilität für soziale Zusammenhänge hervorheben, ohne dabei in einem weitreichenden und unauflösbaren Konflikt zu verharren.

Bildungsmotivation oder: zur Frage der biografischen Gestaltungsmöglichkeiten

Alle vier befragten Frauen heben sich durch ihre höheren Bildungskarrieren (im Vergleich zum familiären Umfeld) ab. Sowohl durch ihren subjektiven Bildungs-willen als auch durch die hohe elterliche Bildungsaspiration gestärkt, sind sie darin bestrebt, mehr aus ihrem Leben zu machen und die elterliche räumliche Mobilität (Migration) durch ihre soziale Mobilität (Bildung) zu tradieren. Dabei wirken die äußeren Widerstände (Schule) besonders bei Sumru diskriminierend, zugleich aber auch als Antriebskraft und Motivation, den ehemaligen Lehrern ihre subjektive Leistungsfähigkeit durch ein Studium unter Beweis zu stellen. Alle Frauen erken-nen neben der finanziellen Sicherung im späteren Beruf auch eine Art Selbstver-wirklichung und die Weiter-Entwicklung des Bewusstseinsgrades und Denkhori-zonts durch das Studium. Bildung stellt für sie demnach eine sozial anerkannte Möglichkeit dar, sich Entwicklungsräume zu schaffen, die individuelle Lebenspla-nung zu begründen als auch das Selbstbewusstsein zu steigern, da hierdurch die Chance der gesellschaftlichen Teilhabe und persönlichen Handlungsmöglichkeiten erhöht wird. Bei allen Frauen wird das Beispiel der Eltern angebracht, die seit Jahr-zehnten einer hilfsarbeiterischen Tätigkeit nachgehen, was den Wunsch und die Hoffnung in ihnen weckt, dieser simplen und körperlich anstrengenden Arbeit durch die Nutzung der Bildungschancen und des subjektiven Willens zu entgehen. Gerade im Hinblick auf andere (bildungsferne) Familienmitglieder erlangt Bildung eine große Bedeutung für meine Gesprächspartnerinnen, mittels derer sie sich von anderen abgrenzen und die Vorteile im Sinne einer Erweiterung des Denk- und Handlungshorizonts implizit zu verstehen geben.

Bei Melek, Sumru und Layla wird der Einsatz und die Unterstützung der Eltern wiederholt hoch angerechnet, ohne die sie nach ihren Aussagen nicht so weit gekommen wären. Die hohe Bildungsaspiration der Eltern und ihre Erziehung zur Leistung und zum Lernen ist aus ihrer sozialen, finanziellen, rechtlichen und gesellschaftlichen Lage heraus zu verstehen, denn alle vier Frauen stammen aus bildungsfernen Arbeiterfamilien. Aus den Gesprächen geht sehr deutlich hervor, wieviel den Eltern daran liegt, ihren Töchtern (und Söhnen) ein besseres und einfacheres Leben durch Bildung zuteil werden zu lassen und ihnen durch ihre zur Verfügung stehenden Mittel dabei zu helfen.

Allein Havva erkennt ihre eigene Leistung und ihren starken Willen als alleinige Bildungsmotivation an, da ihre Eltern sie hierin nicht konsequent unterstützt haben. Die Autonomiebestrebungen fast aller Töchter werden demnach – geschlechtsunabhängig – durch die Eltern gefördert. Diese Förderung besteht neben der gebotenen finanziellen Sicherheit besonders in der mentalen und emotionalen Unterstützung, da kein Elternteil über eine die Grundschule hinausgehende schulische Bildung verfügt und somit ihren Kindern bei Hausaufgaben ö.ä. nicht behilflich sein kann. Weiterhin besteht die Unterstützung im Zugegensein bei Elternabenden oder Elternsprechtagen, im morgendlichen Aufwecken und zur Schule-Begleiten der Kinder. Auch der immer während Zuspruch und die Ermutigung zum Abitur und zum Studium sind Teil der elterlichen Unterstützung/Förderung, die zumindest drei der vier Befragten im Gespräch stets positiv betonen.

Die Frauen befinden sich in einer besonderen Position, da sie die Einzigen sowohl in der Kern- als auch in der Großfamilie sind, die eine andere Lebensgestaltung (Abitur, Auszug von zu Hause, Studium) zielstrebig verfolgen.

Havva ist die einzige Frau, deren Schul- und Bildungsbiographie in gewisser Weise Brüche erleidet, da sie sowohl in der Türkei als auch in Deutschland die Schule besucht, ihre erste weiterführende Schule nicht das Gymnasium ist und vor ihrem jetzigen Studium ein anderes Fach studierte. Doch gerade diese abwechslungsreiche Bildungsbiographie scheint ihr die Sicherheit und Zufriedenheit bezüglich ihrer aktuellen (Studien-) Wahl zu geben.

Zukunftsvorstellungen oder: zur Frage der Lebensgestaltung

Die Zukunftsvorstellungen der Befragten jungen Frauen sehen neben der Verwirklichung von individuellen Wünschen wie Reisen und Praktika vor allem die Vereinbarkeit von Familie und Beruf vor, die keine Ambivalenzen hervorruft, sondern eher selbstverständlich in die Lebensplanung integriert wird.

Zukünftige persönliche Veränderungswünsche bestehen nach Aussagen der Befragten in teilweise anderen Erziehungsvorstellungen (wobei größere Handlungsspielräume der Kinder bevorzugt genannt werden) als auch in einer kontinuierlichen und kompetenteren schulischen Förderung der Kinder. Dieses Mehr an Förderung wird auch schon deshalb stattfinden, weil sie die schulische und akademische Laufbahn hinter sich haben werden, über die ihre eigenen Eltern nicht verfüg(t)en.

Grundsätzlich sind alle Befragten mit ihrer aktuellen Lebenssituation zufrieden, wobei (noch) unerfüllte individuelle Wünsche bei ihnen bestehen: Havva möchte endlich dem Mann ihres Lebens begegnen, um dann entscheiden zu können, wo sie die nächsten Jahre ihres Lebens verbringen wird. Sumru möchte vor Berufsbeginn noch erkunden, welcher Arbeitsbereich ihr am meisten liegt. Layla möchte durch ihren Beruf versuchen, Menschen zu Veränderungen zu bewegen. Melek wünscht sich, dass sie so bald wie möglich ihr Studium abschließt, um dann reisen zu können. Dies sind Wünsche, die sich durch ihre bisherige bewiesene Handlungsaktivität sicherlich erfüllen lassen werden.

Die Frauen geraten trotz zahlreicher und intensiver Auseinandersetzungen mit ihren Eltern als auch den Normen und Reglementierungen meiner Meinung nach in keine schwerwiegende Zerrissenheit, die sie davon abhält, aktiv in ihrer Lebensgestaltung zu sein. Im Gegenteil: durch die Auseinandersetzungen und Konflikte lernen sie ihre Position zu vertreten und zu begründen. Sie haben Ziele vor Augen, die sie erreichen möchten, jede auf ihre Art und Weise.

7. Ausblick

Abschließend bleibt festzuhalten, dass Migrantinnen türkischer Herkunft im bundesdeutschen Diskurs (durch mediale wie auch wissenschaftliche Veröffentlichungen) meist im Lichte eines multiplen Konflikts wahrgenommen werden: Generationenkonflikte werden generell zu kulturellen Konflikten konstruiert, aus denen scheinbar unauflösbare Identitätsstörungen resultieren und die psychosoziale Situation maßgebend bestimmen. Türkische Frauen/Mädchen scheinen in der Opferrolle festzusitzen, da ihnen jegliche Handlungs- und Kommunikationskompetenzen abgesprochen werden. Zudem wird die Situation aller Frauen (türkischer Herkunft) durch das Bild der Unterdrückung generalisiert – Differenzierungen, die die facettenreichen Lebenswelten und Familienstrukturen aufzeigen, finden nicht statt. Es wird nicht *mit* ihnen, sondern *über* sie gesprochen als auch berichtet und Lösungsvorschläge tendieren demnach in die Richtung, ihnen aus dieser auswegslosen Situation durch Anpassung an die deutsche/westliche Kultur zur Freiheit zu verhelfen.

Die sich auf individuelle wie auch kollektive Defizite versteifende einseitige Sichtweise verstellt den nötigen Blick auf die Pluralität der familiären und persönlichen Lebenswelten, der eigenständigen Gestaltung des Lebens in und mit verschiedenen kulturellen Kontexten, die vielfältigen Kompetenzen und Ressourcen, denn durch eine aktive Auseinandersetzung mit kulturellen Traditionen und Normen entwickeln die jungen Frauen individuelle Handlungsstrategien, die es ihnen ermöglichen, ihre Wünsche und Ziele, die die Aufrechterhaltung der engen Bindung an die Kernfamilie, individuelle Entscheidungsfreiheit und den Bildungsaufstieg beinhalten, zu erreichen.

Durch die qualitativ angelegten Interviews sollte in diesem Sinne ein Gespräch entstehen, das es erlaubt, Aspekte der Lebenswelt aus der subjektiven Sicht meiner Gesprächspartnerinnen zu erfahren. Es stellt sich heraus, dass die Frauen familiären

und außerfamiliären Schwierigkeiten gegenüberstanden bezichungsweise gegenüberstehen. Das Erleben, Wahrnehmen und der Umgang mit diesen gestaltet sich je
nach Individuum und Familienstruktur jedoch ebenso unterschiedlich wie die Möglichkeiten der Einflussnahme auf familiäre Entscheidungen. Anhand der Darstellung dieser Strukturen wird sehr schnell deutlich, dass zwar gemeinsame Tendenzen in familiären Orientierungen und Erziehungszielen vorherrschen, jedoch auch
heterogene Vorstellungen zu finden sind, die deshalb nicht unter einem Bild subsumiert werden können. Die Unterschiedlichkeit der innerfamiliären Strukturen,
Auffassungen, Lebenspläne als auch der individuellen Handlungsstrategien der
Frauen selbst verbieten voreilige Rückschlüsse auf kulturelle Problemzuschreibun-
gen. Keine meiner Gesprächspartnerinnen verortet sich ergebende Konflikte lediglich in der Herkunftskultur oder in kulturellen Normen, sondern argumentiert mit
dem jugendlichen Entwicklungsprozess, welchem ein gewisses Konfliktpotenzial
immanent ist, da es darum geht, eigene von elterlichen Vorstellungen abzugrenzen.
Werden die Frauen mit Vorschriften/Normen konfrontiert, die einen Aushandlungsprozess nicht erfolgreich überstehen, also weder verhandel- noch veränderbar
erscheinen, oder treten größere Auseinandersetzungen auf, weisen sie in Form eines hohen Maßes an Reflexivität, der Entwicklung gewisser Fertigkeiten und einer
genauen Betrachtungsweise ihrer bisherigen Erlebnisse und Erfahrungen ein
Repertoire an Umgangsformen und diversen Strategien auf, mittels derer sie mit
den an sie gestellten Anforderungen umgehen können; dabei verharren sie keineswegs in Passivität, sondern verstehen es, Normen und Werte zu ändern, zu vermi-
schen und zu transformieren.

Auftretende Konflikte werden von den Frauen somit in autonomer und kon-
struktiver Art und Weise ausgehandelt, wobei sie mit zunehmendem Alter und
Durchsetzungsvermögen ihren Handlungsspielraum und ihren Einfluss auf familiäre Entscheidungen erweitern. Dabei haben sie den elterlichen Einfluss, der nur
noch in Teilbereichen aufzufinden ist, soweit in ihr Leben integriert, dass sie die

elterliche Autorität nicht einfach hinnehmen, sondern ihre individuellen Entscheidungen und Autonomiebestrebungen zielstrebig verfolgen.

Bei meinen Gesprächspartnerinnen handelt es sich um Bildungsaufsteigerinnen. Sicherlich begünstigt besonders Bildung die Selbstentfaltung und Unabhängigkeit, was gleichzeitig bedeutet, dass ihr Bildungsaufstieg die sozialen Aufstiegschancen, die Wahrnehmung und Differenzierung von Möglichkeiten als auch die biographischen Gestaltungsmöglichkeiten vergrößert. Bildung befähigt sie quasi zur Selbstbildung, zur Selbst- und auch Mitbestimmung. Die befragten Frauen nehmen Bildungschancen wahr, die ihnen nicht nur den Statusaufstieg ermöglichen, sondern auch die persönliche Handlungsfreiheit vergrößern und gelangen durch ihren Selbstverwirklichungswillen zur Erfüllung ihrer eigens gesetzten Ziele. Dabei nutzen sie ihre zahlreichen Ressourcen, die es ihnen ermöglichen, in unterschiedlichen Kontexten handlungs- und kommunikationsfähig zu bleiben.

Die Garantie ihres Schul- und Bildungserfolgs ist neben der elterlichen Unterstützung und positiven familiären Sozialisation vor allem ihr subjektiver Bildungswille. Sicherlich verringern sich diese Optionen für Frauen/Mädchen aus anderen sozialen Kontexten, in denen Familien und ihre Kinder in (Aus-) Bildungsinstitutionen oder bei der Arbeitsplatzvergabe ausgegrenzt werden und keine oder geringe Chancen der gesellschaftlichen Teilhabe besitzen. Genau hier müssen Bildungsinstitutionen und Politik ansetzen.

Die Beibehaltung einer vereinheitlichenden und verengten Sichtweise in der Öffentlichkeit und in weiten Teilen der Migrantinnenforschung ist eurozentristisch, weil sie die Herkunftskultur der Frauen abwertet und sie ist in höchstem Maße paternalistisch, weil sie die Frauen als handlungsunfähige Opfer betrachtet, denen geholfen werden muss. Paternalismus bedeutet in diesem Sinne Bevormundung, woraus folgt, dass diese Entmündigung Unmündigkeit begünstigt (vgl. Auernheimer 2002: 111). Eine differenziertere, kritische öffentliche und wissenschaftliche Haltung ist aber von größter Notwendigkeit, da die zumindest in diesen Interviews gemachten Aussagen der Befragten dem Opferbild nicht standhalten. Die Frauen sind Subjekte ihrer Biographie und nehmen sich auch als solche wahr. Demnach lassen sie sich auch nicht in eine sozial normierte Kategorie einordnen.

Die Verschiedenheit ihrer Lebenswelten sollte ebenso anerkannt und respektiert werden wie ihre individuellen Ressourcen, die sich zu einem großen Teil aus ihrer multi-kulturellen Situation ergeben. Die Frauen verstehen sich als Teil dieser Gesellschaft, in der sie geboren und aufgewachsen sind. Diesem Recht sollte besonders die Öffentlichkeit nachkommen. Die qualitativ-empirische Wissenschaft kann hierbei durch den geforderten Perspektivenwechsel dazu beitragen, individuell gestaltete und selbst bestimmte Lebensentwürfe von Frauen (und Männern) türkischer (und anderer) Herkunft darzulegen.

In Anbetracht der aktuellen bzw. immer wieder entfachten Diskussion, in der es um Zwangsheirat, Ehrenmorde und die islamische Religion geht, sei Folgendes betont: natürlich existieren solche Grausamkeiten und die Gesellschaft wie auch die Politik sollte die Augen vor diesen Phänomenen – die allerdings in allen Kulturkreisen vorkommen – nicht verschließen. Wichtig ist hierbei jedoch, solche Phänomene nicht zu pauschalisieren und/oder als Eigenheit der islamischen Religion/ türkischen Kultur zu betrachten.

Hingegen versucht die Politik mit Hilfe der Medien solche Phänomene zu skandalisieren, um „[...] eigene integrationspolitische Fehler im Umgang mit dem Thema Zuwanderung zu verschleiern [...]" (Karakaşoğlu/ Terkessidis in: DIE ZEIT, Febr. 2006: 49).

Einwanderer türkischer Herkunft erscheinen in der deutschen Gesellschaft stets als Belastungsfaktor, was ihre Ausgrenzung quasi begründet. Tatsächliche wirtschaftliche, rechtliche und soziale Probleme werden durch diese Diskussion ausgeblendet, wobei Fehler, Exklusionsmechanismen und Versäumnisse einer deutschen Integrations- und Einwanderungspolitik in den Hintergrund treten. Nur eine gelungene Sozial- und Bildungspolitik, die eine rege Teilnahme aller gesellschaftlichen Mitglieder sowohl in der Schule als auch am Arbeits- und Ausbildungsmarkt begünstigt und sozial benachteiligte Gruppe nicht primär zur Problemgruppe degradiert, vergrößert die Chance einer gesellschaftlichen Teilhabe. Die existenten hohen Bildungsaspirationen vieler MigrantInnen und ihrer Kinder sollten viel mehr beachtet und gestärkt und zeitgleich diskriminierende und somit exkludierende Mechanismen in Schule und Ausbildung aufgedeckt und öffentlich diskutiert werden.

Um die Entwicklung eines neuen gesellschaftlichen Leitbildes, ausgehend von Gesellschaft und Politik, voranzutreiben, muss vor allem die Unterteilung der Gesellschaft in Mehrheit – Minderheit überwunden werden (vgl. Akgün in: DIE ZEIT, Febr. 2006: 58). Möglich wäre dies durch wissenschaftliche Erkenntnisse aus der Migrationsforschung, die die Prozesshaftigkeit der Einwanderungsgesellschaft begreifbar machen. Politik, Wissenschaft und kritische Öffentlichkeit stehen also vor der Aufgabe, ein reales Bild der Lebenssituation von MigrantInnen zu vermitteln: „[…] wenn also Migranten in der Öffentlichkeit nicht mehr nur eindimensional und stereotyp dargestellt werden, sondern das Leben von Zugewanderten endlich in all seinen – vor allem auch unspektakulären – Facetten wahrgenommen wird, werden wir in der Lage sein, ein neues, taugliches gesellschaftliches Leitbild zu entwerfen […]" (ebd.: 58).

Bibliografie:

- Akbulut, N.: Zur aktuellen Lage türkischer Studentinnen an der Freien Universität Berlin: Lebensbedingungen, Eigenbild, Vorurteile. Eine empirische Untersuchung im Auftrag der Nachwuchswissenschaftlerinnen der FU Berlin. In: Zeitschrift Interkulturell (1993) H 2. S.235-255.
- Akgün, L. (1993). Psychokulturelle Hintergründe türkischer Jugendlicher der zweiten und dritten Generation. In: Lajios, K. (Hg.). Die psychosoziale Situation von Ausländern in der Bundesrepublik. Integrationsprobleme und seelische Folgen. Opladen: Leske + Budrich. S.55-70.
- Akgün, L. (2006). „Das Wir-Gefühl." In: DIE ZEIT (16.02.). S. 58.
- Auernheimer, G. (2002). Einführung in die interkulturelle Pädagogik. 3. überarb. Aufl. Darmstadt: Wissenschaftliche Buchgesellschaft.
- Auernheimer, G. (2003) (Hg.). Schieflagen im Bildungssystem. Die Benachteiligung der Migrantenkinder. Opladen: Leske + Budrich.
- Auernheimer, G. (2004). Drei Jahrzehnte Interkulturelle Pädagogik – eine Bilanz. In: Karakaşoğlu, Y. / Lüddecke, J. (Hg.). Migrationsforschung und Interkulturelle Pädagogik. Aktuelle Entwicklungen in Theorie, Empirie und Praxis. Münster: Waxmann Verlag. S.17-28.
- Azizefendioğlu, H. (2000). Die Zukunftsperspektiven türkischer Jugendlicher in der Bundesrepublik Deutschland. Herbolzheim: Centaurus Verlags-Gesellschaft.
- Badawia, T. (2002). Der Dritte Stuhl- Eine Grounded Theory-Studie zum kreativen Umgang bildungserfolgreicher Immigrantenjugendlicher mit kultureller Differenz. Frankfurt a.M.: IKO Verlag.
- Badawia, T. (2003). Wider die Ethnisierung einer Generation- Überlegungen zur Konzeptionsidee. In: Badawia, T. / Hamburger, F. / Hummrich, M. (Hg.). Wider die Ethnisierung einer Generation. Beiträge zur qualitativen Migrationsforschung. Frankfurt a.M., London: IKO Verlag. S.7-12.
- Balibar, E.: Gibt es einen neuen Rassismus ? In: Das Argument (1989) H 3. S.369 ff.
- Behrendt, G.M. (2000). Einwanderung und intergenerationelle Traditionsbildung. In: Fechler, B. / Kößler, G. / Liebertz-Groß, T. (Hg.). „Erziehung nach

Auschwitz" in der multikulturellen Gesellschaft. Pädagogische und soziologische Annäherungen. Weinheim, München: Juventa. S.59-66.

- Boos-Nünning, U. (1986). Lebenssituation und Deutungsmuster türkischer Mädchen in der Bundesrepublik Deutschland. In: Yakut, A. et al (Hg.). Zwischen Elternhaus und Arbeitsamt: Türkische Jugendliche suchen einen Beruf. Berlin: Express Ed. S.67-106.
- Boos-Nünning, U. (1994). Die Definition türkischer Mädchen als Außenseiterinnen. In: Nestvogel, R. (Hg.). „Fremdes" oder „Eigenes"? Rassismus, Antisemitismus, Kolonialismus, Rechtsextremismus aus Frauensicht. Frankfurt a.M.: IKO Verlag. S.165-184.
- Boos-Nünning, U. / Karakaşoğlu, Y.: Welche Ressourcen haben jungen Migrantinnen? Plädoyer für einen Perspektivenwechsel. In: Migration und Soziale Arbeit (2005a) H 3/4. S.219-231.
- Boos-Nünning, U. / Karakaşoğlu, Y. (2005b). Viele Welten leben. Lebenslagen von Mädchen und jungen Frauen mit griechischem, italienischem, jugoslawischem, türkischem und Aussiedlerhintergrund. Münster, München, Berlin: Waxmann.
- Boulanger, D.: Bildungsbiographien von Analphabetinnen fremdkultureller Herkunft und deren Erwartungen und Wünsche an eine Grundbildung.. In: Zeitschrift Interkulturell und Global (2005) H 1. S.9-100.
- Bukow, W.-D. / Heimel, I. (2003). Der Weg zur qualitativen Sozialforschung. In: Badawia, T. et al (Hg.). Wider die Ethnisierung einer Generation. Beiträge zur qualitativen Migrationsforschung. Frankfurt a.M., London: IKO Verlag. S.13-40.
- Cil, N. (2000). Überlegungen zum intergenerativen Verhältnis in türkischen Familien im Migrationsprozeß. In: Attia, I. / Marburger, H. (Hg.). Alltag und Lebenswelten von Migrantenjugendlichen. Frankfurt a.M.: IKO Verlag. S.127-139.
- Diehm, I. / Radtke, F.-O. (1999). Erziehung und Migration. Eine Einführung. Bd. 3. Stuttgart, Berlin: Kohlhammer.
- Erdheim, M.: Das Eigene und das Fremde. In: Psyche (1992) H 8. S.730-744.
- Gültekin, N. (2003). Migration und Anwendung biographischer Methoden – Die Theorie der Doppelperspektivität. In: Badawia et al (Hg.). Wider die Ethnisierung einer Generation. Beiträge zur qualitativen Migrationsforschung. Frankfurt a.M., London: IKO Verlag. S.81-92.

- Gümen, S. / Herwartz-Emden, L. / Westphal, M.: Die Vereinbarkeit von Beruf und Familie als weibliches Lebenskonzept: eingewanderte und westdeutsche Frauen im Vergleich. In: Zeitschrift für Pädagogik (1994) Jg. 40. Nr. 1. S. 63-80.
- Hebenstreit, S.: Feministischer Ethnozentrismus und Wege zum Verstehen. In: Informationsdienst zur Ausländerarbeit (1988) H 3. S.28-31.
- Herwartz-Emden, L.: Ausländische Familien in Deutschland- Stereotypen und Alltagsrealitäten. In: Lernen in Deutschland (1997) H 1. S.10-22.
- Herwartz-Emden, L. (2000). Einwandererfamilien: Geschlechterverhältnisse, Erziehung und Akkulturation. Osnabrück: Rasch Verlag. S.19 ff.
- Herwartz- Emden, L. / Westphal, M. (2000). Methodische Fragen in interkulturellen Untersuchungen. In: Gogolin, I. / Nauck, B. (Hg.). Migration, gesellschaftliche Differenzierung und Bildung. Resultate des Forschungsschwerpunktprogramms FABER. Opladen: Leske + Budrich. S.53-76.
- Hitzler, R. /Honer, A. (1991). Qualitative Verfahren zur Lebensweltanalyse. In: Flick, U. et al (Hg.). Handbuch qualitative Sozialforschung. Grundlagen, Konzepte, Methoden und Anwendungen. München: Beltz, Psychologie-Verl.-Union. S.382-385.
- Hummrich, M. (2002). Bildungserfolg und Migration. Biographien junger Frauen in der Einwanderungsgesellschaft. Opladen: Leske + Budrich.
- Hummrich, M. (2003). Generationsbeziehungen bildungserfolgreicher Migrantinnen. In: Badawia, T. / Hamburger, F. / Hummrich, M. (Hg.). Wider die Ethnisierung einer Generation. Beiträge zur qualitativen Migrationsforschung. Frankfurt a.M., London: IKO Verlag. S.268-281.
- Karakaşoğlu–Aydın, Y. (1999). Muslimische Religiosität und Erziehungsvorstellungen. Eine empirische Untersuchung zu Orientierungen bei türkischen Lehramts- und Pädagogikstudentinnen in Deutschland. Frankfurt a.M.: IKO Verlag.
- Karakaşoğlu–Aydın; Y. (2000). Studentinnen türkischer Herkunft an deutschen Universitäten unter besonderer Berücksichtigung der Studierenden pädagogischer Fächer. In: Attia, I. / Marburger, H. (Hg.). Alltag und Lebenswelten von Migrantenjugendlichen. Frankfurt a.M.: IKO Verlag. S.101-126.
- Karakaşoğlu, Y. / Terkessidis, M. (2006). „Gerechtigkeit für die Muslime." In: DIE ZEIT (02.02.). S. 49.

- Keupp, H. (1989). Auf der Suche nach der verlorenen Identität. In: Keupp, H. / Bilden, H. (Hg.). Verunsicherungen- Das Subjekt im gesellschaftlichen Wandel. Göttingen: Verlag für Psychologie. S.47 ff.
- Keupp, H.: Postmoderne Welt des fröhlichen Durcheinanders ?. In: Psychologie heute (1993) H 6. S.50-57.
- König, K. (1989). Tschador, Ehre und Kulturkonflikt. Frankfurt a.M.: Verlag für interkulturelle Kommunikation.
- Lamnek, S. (2005). Qualitative Sozialforschung. Lehrbuch. 4. überarb. Aufl. Weinheim: Beltz.
- Lucius-Hoene, G. (1997). Leben mit einem Hirntrauma: autobiographische Erzählungen von Kriegshirnverletzten und ihren Ehefrauen. Bern: Huber.
- Lutz, H.: Lebensentwürfe ausländischer Frauen. Zum Subjektbegriff in der Migrantinnenforschung. In: Informationsdienst zur Ausländerarbeit (1988) H 4. S.18-21.
- Mayring, P. (1990). Qualitative Inhaltsanalyse. Grundlagen und Techniken. Weinheim: Dt. Studienverlag.
- Mayring, P. (2002). Einführung in die qualitative Sozialforschung. Eine Anleitung zu qualitativem Denken. 5. überarb. Aufl. Weinheim, Basel: Beltz Verlag.
- Mecheril, P. (1994). Die Lebenssituation Anderer Deutscher. Eine Annäherung in dreizehn thematischen Schritten. In: Mecheril, P. / Teo, T.: Andere Deutsche. Zur Lebenssituation von Menschen multiethnischer und multikultureller Herkunft. Berlin: Dietz. S.57-94.
- Mecheril, P.: „Halb-halb". Über Hybridität, Zugehörigkeit und subjektorientierte Migrationsforschung. In: Migration und Soziale Arbeit (1997) H 3/4. S.32-37.
- Nauck, B.: „Heimliches Matriarchat" in Familien türkischer Arbeitsmigranten ? Empirische Ergebnisse zu Veränderungen der Entscheidungs-macht und Aufgabenallokation. In: Zeitschrift für Soziologie (1985) Jg. 14, H 6. S.450-465.
- Nauck, B. / Özel, S.: Erziehungsvorstellungen und Sozialisationspraktiken in türkischen Migrantenfamilien. Eine individualistische Erklärung interkulturell vergleichender empirischer Befunde. In: Zeitschrift für Sozialisationsforschung und Erziehungssoziologie (1986) Jg. 6, H 2. S.285-312.
- Nauck, B.: Eltern-Kind-Beziehungen bei Deutschen, Türken und Migranten. Ein interkultureller Vergleich der Werte von Kindern, des generativen Verhal-

tens, der Erziehungseinstellungen und Sozialisationspraktiken. In: Zeitschrift für Bevölkerungswissenschaft (1990) Jg. 16. S.87-120.

- Nauck, B.: Erziehungsklima, intergenerative Transmission und Sozialisation von Jugendlichen in türkischen Migrantenfamilien. In: Zeitschrift für Pädagogik (1994) Jg. 40, Nr. 1. S.43-62.

- Nauck, B. / Diefenbach, H. / Kohlmann, A.: Familiäre Netzwerke, intergenerative Transmission und Assimilationsprozesse bei türkischen Migrantenfamilien. In: Zeitschrift für Soziologie und Sozialpsychologie (1997) Jg. 49, H 3. S.477-499.

- Nauck, B. / Diefenbach, H. / Petri, K.: Intergenerationelle Transmission von kulturellem Kapital unter Migrationsbedingungen. Zum Bildungserfolg von Kindern und Jugendlichen aus Migrantenfamilien in Deutschland. In: Zeitschrift für Pädagogik (1998) Jg. 44, H 5. S.701-722.

- Nohl, A.-M.: Junge Türken im Spannungsfeld von Migration und Generation. In: Lernen in Deutschland (1997) H 1. S.23-31.

- Novi, L. (1999). Lebenswelten italienischer Migranten. Eine empirische Analyse. In: Motte, J. / Ohliger, R. / Oswald, v. A. (Hg.). 50 Jahre Bundesrepublik- 50 Jahre Einwanderung. Nachkriegsgeschichte als Migrationsgeschichte. Frankfurt a.M., New York: Campus Verlag. S.243-258.

- Ottens, S.: Geschlechterorientierungen türkischer MigrantInnen im Spannungsfeld zwischen Herkunftsbedingungen und kulturellen Neudefinitionen. In: Zeitschrift für Frauenforschung (1998) Jg. 16, H. 1/2. S.106-123.

- Otyakmaz, B. Ö. (1995). Auf allen Stühlen. Das Selbstverständnis junger türkischer Migrantinnen in Deutschland. Köln: Neuer ISP-Verlag.

- Otyakmaz, B. Ö.: „Und die denken dann von vornherein, das läuft irgendwie ganz anders ab". Selbst- und Fremdbilder junger Migrantinnen türkischer Herkunft. In: Beiträge zur feministischen Theorie und Praxis (1999) Jg. 22, H 51. S.79-92.

- Payandeh, M. (2002). Emanzipation trotz Patriarchat ? Türkische Frauen des Bildungsmilieus berichten über ihr Leben. Eine qualitative Fallstudie. Marburg: Tectum Verlag.

- Polat, Ü. (1997). Soziale und kulturelle Identität türkischer Migranten der zweiten Generation in Deutschland. Bd. 14. Hamburg: Verlag Dr. Kovac.

- Ricker, K. (2003). Migration, Biographie, Identität- der biographische Ansatz in der Migrationsforschung. In: Badawia et al (Hg.). Wider die Ethnisierung einer Generation. Beiträge zur qualitativen Migrationsforschung. Frankfurt a.M., London: IKO Verlag. S.53-66.

- Rosen, R. (1997). Leben in zwei Welten. Migrantinnen und Studium. Frankfurt a.M.: IKO Verlag.
- Rommelspacher, B.: Die Angst vor den Fremden, ein Konstrukt der Dominanzkultur. In: Beiträge zur analytischen Kinder – und Jugendlichenpsychotherapie (1993) Nr. 79. S.2-16.
- Rucksack-Projekt. Ein Konzept zur Sprachförderung und Elternbildung im Elementarbereich. Verfügbar über:
  [http://www.raa.essen.de/html (01.04.2004)].
- Santel, B. (1995). Die Lebenslage junger Migranten: Zur Problematik der „Dritten Generation". In: Gesprächskreis Arbeit und Soziales. Abt. Arbeits- und Sozialforschung (Hg.). Die dritte Generation: Integriert, angepasst oder ausgegrenzt? Bonn: satz+druck GmbH. S.7-27.
- Schepker, R. / Eberding, A.: Der Mädchenmythos im Spiegel der pädagogischen Diskussion. In: Zeitschrift für Pädagogik (1996) Jg. 42, H 1. S.111-126.
- Schütze, F.: Biographieforschung und narratives Interview. In: Neue Praxis (1983) Nr. 13. S.283-293.
- Stiksrud, A. (1994). Jugendliche im Generationen-Kontext. Sozial- und entwicklungspsychologische Perspektiven. Opladen: Westdeutscher Verlag.
- Veneto-Scheib, V. (1993). Psychosoziale Versorgung ausländischer Frauen und Mädchen in der BRD. In: Lajios, K. (Hg.). Die psychosoziale Situation von Ausländern in der Bundesrepublik. Opladen. S.45-54.
- Witzel, A. (1982). Verfahren der qualitativen Sozialforschung – Überblick und Alternativen. Frankfurt a.M.: Campus Verlag.
- Zentrum für Türkeistudien (Hg.) (1998). Das ethnische und religiöse Mosaik der Türkei und seine Reflexionen auf Deutschland. Essen.

Weiterführende Literatur:

- Alacıoğlu, H. (2000). Deutsche Heimat Islam. Münster: Waxmann.
- Apitzsch, U. (1990). Besser integriert und doch nicht gleich. Bildungsbiographien jugendlicher Migrantinnen. Dokumente widersprüchlicher Modernisierungsprozesse. In: Rabe-Kleberg, U. (Hg.). „Besser gebildet und doch nicht gleich. Frauen und Bildung in der Arbeitsgesellschaft. Bielefeld: Kleine. S.197-218.
- Apitzsch, U. (1999). Migration und Traditionsbildung. Opladen: Westdt. Verlag.
- Auernheimer, G. (1988). Der sogenannte Kulturkonflikt. Orientierungsprobleme ausländischer Jugendlicher. Frankfurt a.M.: Campus Verlag.
- Bukow, W.-D. / Llaryora, R. (1988). Mitbürger aus der Fremde". Soziogenese ethnischer Minderheiten. Opladen: Westdt. Verlag.
- Bukow, W.-D. / Jünschke, K./ Spindler, S. / Tekin, U. (2003). Ausgegrenzt, eingesperrt, abgeschoben. Migration und Jugendkriminalität. Opladen: Leske+ Budrich.
- Dietzel-Papakyriakou, M. (1993). Altern in der Migration. Die Arbeitsmigranten vor dem Dilemma: zurückkehren oder bleiben ?. Stuttgart: Enke Verlag.
- Dittrich, E. J. / Radtke, F. O. (1990). Der Beitrag der Wissenschaft zur Konstruktion ethnischer Minderheiten. In: Dies. (Hg.). Ethnizität: Wissenschaft und Minderheiten. Opladen: Westdt. Verlag.
- Gomolla, M. / Radtke, F. O. (2002). Institutionelle Diskriminierung: Die Herstellung ethnischer Differenz in der Schule. Opladen: Leske+Budrich.
- Kehl-Bodrogi, K. (1988). Die Kizilbas-Aleviten. Untersuchungen über eine esoterische Glaubensgemeinschaft in Anatolien. Berlin: Schwarz.
- Neumann, U. (1980). Erziehung ausländischer Kinder. Erziehungsziele und Bildungsvorstellungen in türkischen Arbeiterfamilien. Düsseldorf: Pädagogischer Verlag Schwann.
- Pfluger-Schindlbeck, I. (1989). „Achte die Älteren, hebe die Jüngeren". Sozialisation türkisch-alevitischer Kinder im Heimatland und in der Migration. Frankfurt a.M.: Athenäum Verlag.

- Sauter, S. (2000). Wir sind „Frankfurter Türken". Adoleszente Ablösungsprozesse in der deutschen Einwanderungsgesellschaft. Frankfurt a.M.: Brandes & Apsel.
- Schader, B. (2004). Sprachenvielfalt als Chance. 1. Aufl. Zürich: Orell Füssli.
- Schiffauer, W. (2000). Die Gottesmänner. Türkische Islamisten in Deutschland. Frankfurt a.M: Suhrkamp.
- Tajfel, H. (1982). Gruppenkonflikt und Vorurteil: Entstehung und Funktion sozialer Stereotypen. Bern: Huber.
- Tertilt, H. (1996). Türkisch Power Boys. Ethnographie einer Jugendbande. Frankfurt a.M.: Suhrkamp.
- Wilpert, C. (1991). „Ethnic Identification and the Transition from one Generation to the next among turkish Migrants in the Federal Republic of Germany". Frankfurt, Bern, Paris: S. 121-136.

Anhang I

Leitfaden

- Du bist in Deutschland aufgewachsen, vielleicht auch hier geboren. Ich möchte Dich bitten, etwas weiter auszuholen und zu erzählen, wie Dein Leben bisher verlaufen ist und wie alles so gekommen ist in Deinem Leben

- Wie siehst Du Deine Erziehung im Rückblick? Was denkst Du, welche Vorstellungen und Ziele Deine Eltern bei ihrer Erziehung vermutlich hatten?

- Wenn Du Kinder haben möchtest, wie würdest Du sie erziehen ?

- Wie ist die Beziehung zu Deinen Eltern ? Hat sie sich im Laufe der Zeit verändert ?

- Wie ist die Beziehung zu anderen Familienmitgliedern ?

- Welche Bedeutung hat Religion für Dich ?

- Wie siehst Du Dich im Vergleich zu Deinen Geschwistern ?

- Wie setzt sich Dein Freundeskreis zusammen ? Wie siehst Du Dich im Vergleich zu Deinen FreundInnen ?

- Wie gestaltet sich Deine Partnerwahl ?

- Welche Bedeutung hat Dein Studium für Dich ? Hattest Du Vorbilder ?

- Was fällt Dir zum Begriff 3. Generation ein ?

- Wie empfindest Du Deine aktuelle Lebenssituation ?

- Wie sehen Deine Zukunftsvorstellungen aus, hast Du Träume oder Wünsche ?

- Wie hast Du dieses Interview empfunden ?

Anhang II

Kategorien

Erziehung

Erziehung im Rückblick

Geschlechtsspezifische Erziehung

Elterliche Normen

Umgang mit Normen

Religiosität

Beziehung zu Eltern

Erziehung eigener Kinder

Beziehung zu anderen Familienmitgliedern

Soziales- und Wohnumfeld

Persönliches Partnerwahlverhalten

Elterliche Partnerwahlvorstellungen

Selbstverständnis

Selbstbild

Fremdbild

Selbstverortung

Freundeskreis

Bild über Deutsche

Bild über Türken in der BRD

Bild über türkische Männer in der BRD

Bild über türkische Mädchen in der BRD

Bild über 3. Generation

Bild über Türken in der Türkei

Bild über Männer in der Türkei

Integration

Bildungsmotivation

Persönliche Motivation zum Studium

Elterliche Bildungsaspiration

Schule im Rückblick

Zukunftsvorstellungen

Aktuelle Lebenssituation

Zukunftsvorstellungen

Ahmet Toprak
Jungen und Gewalt
Die Anwendung der Konfrontativen
Pädagogik in der Beratungssituation
mit türkischen Jugendlichen

Reihe Pädagogik, Band 24, 2005, 112 Seiten,
ISBN 3-8255-0527-8, 15,90 € / 28,50 sFr

Das Thema Gewalt ist in jedem Kulturkreis und in allen gesellschaftlichen Milieus anzutreffen. Bezogen auf Jugendliche türkischer Herkunft scheinen aber die Fachkräfte, die sich mit dem Problem der Gewalt auseinandersetzen, mit ihrem pädagogischen Latein am Ende zu sein, weil diese Jugendlichen sich meist auf die Besonderheiten ihrer kulturellen Identität berufen. Fingerspitzengefühl und der Erwerb der kognitiven Hypothesen der auffälligen Jugendlichen, ergänzt durch Aneignung von Methoden, können sehr hilfreich sein. Ziel dieser Arbeit ist es daher, die Lebensbedingungen und die kognitiven Hypothesen der türkischen Jugendlichen, die zu Gewalt neigen, näher zu erläutern, um anschließend die Konfrontative Methode oder Gesprächsführung auf diese Zielgruppe abzustimmen. Die Untersuchung basiert auf den Erfahrungen mit Jugendlichen aus den sogenannten Anti-Agressivitäts-Trainings nach § 10 Jugendgerichtsgesetz und dem Austausch mit pädagogischen Fachkräften aus den Fortbildungen.

Ahmet Toprak
**„Wer sein Kind nicht schlägt,
hat später das Nachsehen"**
Elterliche Gewaltanwendung in
türkischen Migrantenfamilien und
Konsequenzen für die Elternarbeit

Reihe Pädagogik, Band 21, 2004, 150 Seiten,
ISBN 3-8255-0478-6, 18,50 € / 32,70 sFr

In einer Untersuchung des Kriminologischen Forschungsinstituts Niedersachsen wurden Jugendliche der neunten Jahrgangsstufe danach gefragt, ob sie in den letzten zwölf Monaten Opfer von Gewalt geworden sind. Es konnte eindeutig belegt werden, dass Jugendliche türkischer Herkunft zwei bis drei Mal häufiger von elterlicher Gewaltanwendung betroffen sind als die anderen Heranwachsenden. Das heißt: Gewaltanwendung in türkischen Familien ist ein verbreitetes Mittel, um Kinder und Jugendliche zu bändigen.

Ziel dieser Untersuchung ist nicht, die seriös erhobenen Ergebnisse in Frage zu stellen, sondern sie unter Zuhilfenahme der qualitativen Methode zu ergänzen. Acht Elternpaare wurden u.a. getrennt voneinander danach befragt, welche Erziehungsziele sie bevorzugen und welche Bestrafungsrituale sie bei der Erziehung der Kinder anwenden. Beim Thema Bestrafungsrituale wurde „Gewalt" – sei es physisch oder psychisch – gegen die Kinder, um sie zu disziplinieren, explizit angesprochen und breit gefächert diskutiert. Die Studie diskutiert darüber hinaus auch die Rolle der Schule und die Konsequenzen und Vorschläge für die Praxisarbeit mit Eltern.

Ahmet Toprak
»Auf Gottes Befehl und
mit dem Worte des Propheten .... «
Auswirkungen des Erziehungsstils auf
die Partnerwahl und die Eheschließung
türkischer Migranten der
zweiten Generation in Deutschland

Reihe Sozialwissenschaften, Band 24, 2002, 230 Seiten,
ISBN 3-8255-0354-2, € 23,50 / sFr 39,50

Diese Studie befasst sich kritisch mit dem Stand der Forschung, die sich mit Sozialisation, Erziehungsbedingungen, Familienarten, Familienstrukturen sowie Ehe und Eheverhalten der heutigen Türkei beschäftigt. Es wird aufgezeigt, dass es in der Türkei große Differenzierungen hinsichtlich der Familienkonstellation, der Wertevermittlung, des Erziehungsprozesses und der Ehe gibt. Vor diesem Hintergrund kann die Lage in Deutschland besser verstanden werden. Im Rahmen der qualitativen Sozialforschung – in der keine repräsentativen Aussagen, sondern nur Aussagen über die Untersuchungsgruppe gemacht werden können – wurden weiter 12 Interviews mit jungen, erwachsenen Migranten der zweiten Generation türkischer Herkunft geführt.
Es kristallisieren sich dabei drei Erziehungsstile heraus: „der konservativ-spartanische Erziehungsstil", „der verständnisvoll-nachsichtige Erziehungsstil" sowie die Erziehung „zwischen Tradition und Moderne". Diese Erziehungsstile werden vorgestellt, die Unterschiede in Rollen- und Autoritätsstrukturen herausgearbeitet, die Bedeutung der Ehe und das Eheschließungsverfahren konkret dargestellt.
Die Arbeit wird über ihren wissenschaftlichen Erkenntniswert hinaus für die Praxis der politischen Bildung, der multikulturellen Bildung und auch der Antirassismusarbeit in der schulischen Bildungs- und außerschulischen Jugendarbeit und Erwachsenenbildung relevant, weil sie empirisches Material und empirisch gestützte Argumente liefert, um Vorurteilen, Stereotypen und Ideologien kritisch gegenüber treten zu können.

MIX
Papier aus verantwortungsvollen Quellen
Paper from responsible sources
FSC® C105338

If you have any concerns about our products,
you can contact us on
ProductSafety@springernature.com

In case Publisher is established outside the EU,
the EU authorized representative is:
Springer Nature Customer Service Center GmbH
Europaplatz 3, 69115 Heidelberg, Germany

Printed by Libri Plureos GmbH
in Hamburg, Germany